Pascal Voggenhuber
Enjoy this Life® – In 30 Tagen zu dir selbst

PASCAL VOGGENHUBER

ENJOY THIS LIFE®

IN 30 TAGEN ZU DIR SELBST

DAS PRAXISBUCH

Allegria

Allegria ist ein Verlag der Ullstein Buchverlage GmbH

ISBN 978-3-7934-2331-7

© 2018 by Ullstein Buchverlage GmbH, Berlin
Lektorat: Miriam Gries
Umschlaggestaltung:
Simone Mellar, zero-media.net, München
Satz: Keller & Keller GbR
Gesetzt aus der Minion
Druck und Bindearbeiten:
CPI books GmbH, Leck
Printed in Germany

Inhalt

Vorwort 7
Einführung 11

PRAXISTEIL: In 30 Tagen zur
   Enjoy this Life®-**Persönlichkeit** 19

Gedankenwelt 21
    1. Tag: Positives Denken 25
    2. Tag: Achte auf deine Worte 32
    3. Tag: Beginne zu verändern: Was für Visitenkarten
        verteilst du? 35
    4. Tag: Kreiere deine *Enjoy this Life*®-Persönlichkeit 39
    5. Tag: Werde deine neue *Enjoy this Life*®-Persönlichkeit 50

Körperbewusstsein 59
    6. Tag: Bringe Bewegung in dein Leben! 63
    7. Tag: Körperwahrnehmung 69
    8. Tag: Warum du dich pflegen solltest 73
    9. Tag: Stressreduktion 76
   10. Tag: Ernährung 84

Entrümpeln 93
   11. Tag: Entrümple dein Leben 94
   12. Tag: Entrümple deine Wohnung 98
   13. Tag: Loslassen 104
   14. Tag: Verlasse deine Komfortzone 108
   15. Tag: Nimm eine neue Perspektive ein 112

Fokus und Meditation 121
   16. Tag: Meditieren soll Spaß machen 122
   17. Tag: Meditationen – aktives Zuhören 125
   18. Tag: Fokus-Meditationen für die Aufmerksamkeit 132
   19. Tag: Essmeditation 134
   20. Tag: Begegne dir selbst 137

Gesundheit, Heilung und Selbstheilung 143
   21. Tag: Selbstheilung 145
   22. Tag: Wieso energetischer Schutz unnötig ist 148
   23. Tag: Selbstliebe 152
   24. Tag: Werde Heiler im Alltag 158
   25. Tag: Geistiges Heilen 163

Enjoy this Life®**-Persönlichkeit in den Alltag integrieren** 169
   26. Tag: Integrieren: Körper 170
   27. Tag: Integrieren: Entrümpeln 175
   28. Tag: Integrieren: Meditation 181
   29. Tag: Integrieren: Heilen 184
   30. Tag: Lebe die *Enjoy this Life*®-Persönlichkeit! 187

Schlusswort 195
Anhang 199
Über den Autor und Kontakt 205

Vorwort

Liebe Leser und Leserinnen,

während ich diese Zeilen tippe, bin ich gerade im Sommerurlaub und habe mir vorgenommen, in dieser Zeit das *Enjoy this Life*®-Praxisbuch zu schreiben.

Solltest du mich schon kennen, weißt du bereits, dass ich dich, mein lieber Leser, in meinen Büchern immer mit »du« anspreche, weil ich das für persönlicher halte, und außerdem durchgehend die männliche Anrede verwende. Ich werde dies auch in Zukunft so beibehalten. Mir ist zwar bewusst, dass sich einige daran stören, und das tut mir auch leid, aber das Buch liest sich so meines Erachtens flüssiger. Ich kann nur immer wieder betonen: Ich schätze und respektiere Frauen genauso wie Männer!

Doch zurück zum Buch: Viele fragen sich vielleicht, warum es jetzt noch ein Praxisbuch zum *Enjoy this Life*®-Buch gibt, das erste war ja schon fast ein Praxisbuch. Da muss ich dem aufmerksamen Leser recht geben, aber ich wollte die *Enjoy this Life*®-Methode noch schneller vermitteln und genauer auf den Punkt bringen. Dieses Buch ist daher vor allem für Menschen gedacht, die nicht viel Theorie lesen, sondern sofort mit den Übungen loslegen wollen. Gleichzeitig ist dieses Buch eine ideale Ergänzung zum vorherigen *Enjoy this Life*®-Buch, weil es neue Übungen beinhaltet, die es dir erleichtern, die Methode noch einfacher und effektiver umzusetzen. Bei diesem Praxisbuch habe ich sehr darauf geachtet, dass das *Enjoy this Life*®-Programm noch leichter in den Alltag integrierbar ist. Außerdem findest du einige neue Meditationen, da doch viele Leser gerne meditieren, wie sie mir geschrieben haben, und ich beim ersten Buch nur eine Meditationsübung vorgestellt hatte.

Zu diesem Praxisbuch angeregt haben mich viele Seminarteilnehmer und auch Mitglieder der Online-Community von *Enjoy this Life®* durch ihr Feedback zum ersten Buch. Ich war überhaupt sehr überwältigt, wie viel positive tolle Resonanz ich erhalten habe. Darüber hinaus habe ich für mein im Allegria Verlag erschienenes Buch *Enjoy this Life®* sogar den GfK Award (der Nummer 1 Award der Schweizer Bestsellerliste) gewonnen, was für mich persönlich natürlich großartig war.

Oft hörte ich aber aus den Feedbacks auch heraus, dass es gut wäre, das Buch erstens noch handlicher zu machen und zweitens alle Übungen zusammenzufassen. Der Schwerpunkt sollte also wirklich auf den Übungen liegen, und zusätzlich sollte Platz gelassen werden, damit man sich bei Bedarf sofort Notizen machen kann. Diese Anregungen fand ich sehr gut und schlüssig, und immer wenn mir was gefällt, will ich es sofort in die Tat umsetzen. Und so entsteht hier gerade das Arbeitsbuch zu *Enjoy this Life®*, das du, lieber Leser, nun in den Händen hältst.

Ich bin sehr dankbar, dass mein *Enjoy this Life®*-Buch so gut angekommen ist und sich viele Leser einfach darüber gefreut haben,

- dass die Übungen wirklich simpel sind und vor allem sofort anwendbar.
- dass man sein Leben im Alltag ganz leicht verändern kann, wenn man dies wirklich möchte, und es dazu keine esoterischen Rituale braucht.

– dass die Veränderungen geschehen können – wie ich immer so schön sage – beim Kaffeetrinken, Duschen oder beim Essen.

Einfach voll und ganz in deinem Alltag!

Ich habe in der Zeit seit dem Erscheinen des ersten *Enjoy this Life*®-Buchs bis jetzt zum Verfassen des Praxisbuchs viele neue Übungen persönlich getestet, und auch Freunde haben einiges für mich ausprobiert. Ich war überrascht, dass wir doch noch eine Reihe von einfachen Übungen für den Alltag zusammenstellen konnten. Natürlich habe ich auch bei diesem Buch das Rad nicht neu erfunden. Einige der Übungen wirst du sicher schon kennen, sei es aus dem ersten Buch oder von jemand anderem.

Wichtig ist: Ich erkläre dir alle Übungen von meinem persönlichen Standpunkt aus und nach meiner Methode, die du im *Enjoy this Life*®-Programm findest, weil sie wirklich funktioniert und effektiv ist, aber dennoch ganz leicht in der Anwendung.

Deswegen bitte ich dich auch nachdrücklich: Lies dieses Buch nicht einfach nur, sondern setze die Übungen um, mache dir Notizen – es ist ein Arbeitsbuch, und es sollte auch danach aussehen. Wenn du dich nicht auf die Übungen einlässt, dann wird sich auch nichts verändern. Das Lesen allein vermittelt dir nur Wissen, führt aber nicht automatisch zu Veränderung.

Ich möchte das an dieser Stelle nochmals ausdrücklich betonen, denn es gab auf mein erstes Buch auch ein paar negative Reaktionen (die gibt es immer), und über einige konnte ich wirklich nur lachen. Der häufigste Grund für die Ablehnung lautete: *Sie hätten das alles schon mal ganz ähnlich gehört, deswegen das Buch nicht zu Ende gelesen und die Übungen nicht gemacht!*

Was soll ich dazu noch sagen? Wer die Übungen nicht macht, der kann auch nicht über den Inhalt urteilen. Das zweite »Negative« war: *Es sei viel zu praktisch orientiert und zu alltäglich, das könne gar nicht funktionieren!*

Was? Da fragt man sich dann als Autor, ob sie überhaupt verstanden haben, was ich mit dem Buch wollte! Mit solchen Feedbacks kann ich gut leben, denn es zeigt mir, dass ich im Grunde alles richtig gemacht habe.

Doch jetzt, lieber Leser, freue ich mich, mit dir auf die Reise zu gehen und dir die *Enjoy this Life*®-Übungen noch praxisorientierter zu zeigen und vor allem ein paar neue Übungen und Meditationen vorzustellen. *Enjoy this Life*® und danke für dein Vertrauen, mit mir diese Reise antreten zu wollen.

Einführung

Bevor wir richtig in den Praxisteil einsteigen, möchte ich dir zunächst das Konzept von *Enjoy this Life*® und im Speziellen dieses Buch ausführlich erklären. Ich möchte nochmals auf den Hauptunterschied vom ersten *Enjoy this Life*®-Buch zu diesem Praxisbuch hinweisen. Hier verzichte ich auf viel Theorie und will dich als Leser noch mehr dazu animieren, wirklich mit mir dein Leben neu und vor allem wieder aktiv selbst zu gestalten. Deswegen ist dieses Praxisbuch in 30 Tage aufgeteilt, und wir werden die nächsten 30 Tage das *Enjoy this Life*®-Konzept aktiv gemeinsam umsetzen. Du findest für jeden Tag eine kurze Erklärung und Übungen, die du an diesem Tag machen solltest, so gut es geht, sodass wir zusammen in den nächsten 30 Tagen dein Leben grundlegend verändern können. Bitte lies dieses Buch nicht einfach, sondern betrachte es wirklich als eine Gebrauchsanleitung. Schritt für Schritt geleite ich dich die nächsten 30 Tage durch dein Leben.

Das *Enjoy this Life*®-Prinzip beinhaltet 6 große Themenbereiche, und jeden dieser Bereiche habe ich nochmals in 5 Bereiche unterteilt. So behandelst du jedes Thema 5 Tage lang. Wichtig ist natürlich, so viel wie möglich auch von den Übungen der vergangenen Tage in deinen Alltag zu übernehmen. Die jeweilige Übung also nicht nur einmal zu machen, sondern an einem Tag sehr intensiv und dann zu versuchen, das Gelernte in deinen Alltag zu integrieren, sodass es nach den 30 Tagen schon zu einer großen und tief greifenden Veränderung führen kann.

Mach dir keine Gedanken darüber, ob dieses Prinzip wirklich funktioniert oder nicht. Ich verspreche dir, es wird funktionieren, wenn du dich voll und ganz auf diese 30 Tage einlässt und das hier Gelernte anschließend weiterhin in deinen Alltag integrierst. Das 30-Tage-Konzept hat sich schon sehr gut bewährt. Es wurde von Tausenden Menschen im *Enjoy this Life*®-Onlinekurs getestet. Und nun will ich dir hier ein ähnliche angepasstes Prinzip in Buchform nahebringen und mit dir zusammen erleben.

Die 6 Säulen von *Enjoy this Life*® sind:

– Gedankenwelt

– Körperbewusstsein

– Entrümpeln

– Fokus und Meditation

– Gesundheit, Heilung und Selbstheilung

– *Enjoy this Life*®-Persönlichkeit in den Alltag integrieren

Zu diesen 6 Säulen werde ich dir jeweils Übungen und Tipps für deinen Alltag an die Hand geben. Du wirst feststellen, wenn du das Prinzip von *Enjoy this Life*® in 30 Tagen umgesetzt und gelebt hast, dann wirst du auch erkennen, worum es geht. Im Anschluss kannst du dann ganz leicht noch zusätzlich neue Übungen für dich hinzufügen oder selbst neue Übungen kreieren. Du kannst wirklich jede Übung auch noch speziell auf deine Bedürfnisse anpassen.

Was kannst du dir genau unter den 6 Säulen vorstellen?

Bei der ersten Säule dreht sich alles um unsere *Gedankenwelt* und wie unser Denken, Handeln und gewisse Muster entstanden sind.

Alle deine Handlungen sind von deinen Gedanken geprägt. Neueste Forschungen zeigen, dass du im Grunde nichts dafür kannst, ob du nun ein Mensch mit einer eher positiven oder einer eher negativen Grundeinstellung bist, sondern dass deine Kindheit ausschlaggebend dafür war. Du übernimmst einfach das Denken von deinen Eltern und deinem übrigen Umfeld als deine Wahrheit und handelst so, wie du es vorgelebt bekommen hast und schon immer getan hast. Das Spannende ist aber, obwohl du nichts dafür kannst, *wie* du denkst und *was* du denkst, kann man mit einfachen Übungen deine Resonanz verändern und dein Gehirn dahingehend umtrainieren, dass du von innen her ein positiver Mensch wirst. Dadurch muss und wird sich auch dein Leben massiv verändern. Der »innere Kritiker« ist dabei dein Freund und Helfer und nicht mehr dein Feind wie in der Vergangenheit.

Die zweite Säule ist das *Körperbewusstsein*.

In dieser Säule geht es vor allem um unseren Körper, um seine innere und äußere Pflege. Viel zu oft wird gerade in der spirituellen Praxis nur Wert auf den geistigen Aspekt gelegt, wobei der Körper doch genauso wichtig ist. Mir ist immer wieder aufgefallen, dass wir über unseren Körper unsere Emotionen und unsere Energieausstrahlung verändern können. Wenn wir unsere Aura-Energie verändern, verändern wir damit automatisch unsere Resonanz. Deswegen widme ich auch beim *Enjoy this Life*®-Training eine ganze Säule dem Körperbewusstsein. Außerdem wissen wir inzwischen aus zahlreichen Studien, dass Menschen, die körperlich aktiv sind, viel weniger zu Depressionen und zu Stimmungstiefs neigen. Ich habe zudem festgestellt, dass selbstbewusste und erfolgreiche Menschen sich häufig viel schneller und auch häufiger bewegen. Du musst dazu keinen Sport treiben, du darfst, aber du musst nicht.

Im Kapitel »Körperbewusstsein« möchte ich dir Möglichkeiten für eine neue Beziehung zu deinem Körper aufzeigen. Dies geschieht über wirklich ganz einfache Übungen, die jeder machen kann, egal, ob er trainiert ist, körperliche Einschränkungen hat oder schon älter ist. Diese Übungen sind zwar leicht, aber sie werden dir helfen, eine ganz neue Ausstrahlung von innen heraus zu erlangen, sodass deine Aura eine erfolgreiche *Enjoy this Life*®-Persönlichkeit ausstrahlt.

Mit der dritten Säule *Entrümpeln* tun sich die meisten zu Beginn am schwersten.

Gerade im *Enjoy this Life*®-Onlinekurs haben einige Teilnehmer dieses Kapitel anfangs vor sich hergeschoben und wollten da am liebsten nichts verändern. Du wirst allerdings schnell merken, dass du dich schon mithilfe von ein paar sehr simplen Übungen von Altem trennen kannst, das du nicht mehr brauchst. Damit schaffst du auch gleich Platz für deine neue *Enjoy this Life*®-Persönlichkeit und die nötige Erfolgsenergie. Wichtig ist es, gerade hier in kleinen Schritten vorzugehen, doch löse dich wirklich von Menschen und Situationen, die dich nur runterziehen und dich an deinem Glück und der Entfaltung deiner Schöpferkraft hindern. Ja, ich gebe es zu, es kann am Anfang schmerzhaft sein und auch nicht ganz leicht, sich von gewissen Menschen zu lösen, aber dann mache einfach die anderen Übungen und schaffe ein Umfeld für die neue Energie und lasse alte Dinge los. Beim 30-Tage-Programm geht es weniger darum, dass du sofort alles umsetzen kannst, sondern dass du jeden Tag einen Schritt weitergehst. Dass du dranbleibst und täglich etwas dafür tust, dein Leben zu verändern. Danach wird es dir viel besser gehen. Sei mutig, kleine Schritte zu machen, doch gib auf gar keinen Fall auf. Aktiv werden ist der Schlüssel von *Enjoy this Life*®, also habe Mut loszulassen. Es wird sich lohnen. Da ich weiß, dass die meisten wie gesagt genau über diese Säule von *Enjoy this Life*® oft stolpern, wollte ich es hier schon einmal angesprochen haben.

Die vierte Säule ist *Fokus und Meditation*.
Hier geht es vor allem auch darum, Meditation in den Alltag zu integrieren und den Fokus auf das Wesentliche zu halten. Allerdings wirst du in den Übungen nicht nur klassische Meditationen kennenlernen, sondern ganz neue Meditationsformen, die du täglich ohne großen Aufwand praktizieren kannst. Meditation hilft wirkungsvoll gegen Stress, der aus meiner Sicht einer der Hauptgründe ist, warum wir unser Leben nicht genießen können. Außerdem ist Stress oft der Auslöser für viele Krankheiten. Persönlich bin ich davon überzeugt, dass du auch nicht im Stress sein oder dich gestresst fühlen kannst und dabei noch eine gute kraftvolle Ausstrahlungsenergie haben kannst. (Ich rede hier von chronischem Stress, nicht wenn du kurzzeitig mal in eine stressige Situation gerätst.) Ich habe auch noch nie langfristig erfolgreiche Menschen kennengelernt, die unter Dauerstress stehen. Erfolgreich ist für mich nicht nur jemand, der viel Geld hat, sondern für mich ist jemand dann erfolgreich, wenn er seine *Enjoy this Life*®-Persönlichkeit lebt, wenn er in allen Bereichen seines Lebens möglichst in Harmonie ist. Meditation, Ruhe und Fokus können dir enorm helfen, deine Energien zu bündeln und voll und ganz in deiner Mitte zu bleiben. Forschungen zeigen auch, dass Menschen, die regelmäßig meditieren, viel besser mit Emotionen umgehen können. Außerdem wird die Aura-Energie größer und dehnt sich während der Meditation aus, und über je mehr Energie wir verfügen,

desto größer ist unsere Resonanz für positive große Dinge in unserem Leben.

Die fünfte Säule ist *Gesundheit, Heilung und Selbstheilung*.
Jeder, der mal krank war oder schwerwiegende Symptome hatte, weiß, wie wichtig Gesundheit für sein Leben ist, und jeder, der schon mal dem Tod von der Schippe gesprungen ist, beginnt sein Leben wohl ganz anders zu schätzen. Ich habe es schon zweimal erlebt, dass ich kurz davor war zu sterben, und zweimal in meinem Leben erhielt ich die Diagnose, dass ich nicht mehr laufen kann. Und gerade in der Zeit habe ich gemerkt, wie wichtig die Methode von *Enjoy this Life*® ist, vor allem sollten wir uns in solchen Momenten bewusst machen, dass, auch wenn wir ein Symptom haben, es dennoch viele Dinge gibt, die gut sein können oder sogar wirklich schön. Aber gerade weil unsere Gesundheit so wichtig ist, bin ich doch immer wieder überrascht, wie wenig wir sie schätzen, besonders dann, wenn es uns gut geht. Und gerade weil das so wichtig ist, habe ich es ins *Enjoy this Life*®-Programm aufgenommen.

Die sechste Säule des *Enjoy this Life*®-Prinzips ist *in den Alltag integrieren*.
Dies ist im Grunde wirklich das Wichtigste. Ich kenne so viele Menschen, die Unmengen von Büchern gelesen und etliche Seminare besucht haben und ein wandelndes Lexikon sind, angefüllt mit Wissen. Die oft über alles urteilen und auch verurteilen, aber ihr eigenes Leben nicht mal annähernd im Griff haben. Ich nenne sie gerne auch Seminar-Junkies. Doch sie wenden dann in ihrem Alltag nichts von ihrem Wissen an. Sie beurteilen ein Seminar, ob es gut war oder nicht, ob es ihnen zu mehr Wissen verholfen hat oder nicht. Manchmal liest solch ein Junkie mein Buch oder kommt in ein Live-Seminar und meint

dann am Schluss: »Na ja, da war jetzt nicht viel Neues für mich dabei. Das hat mich jetzt gar nicht weitergebracht.« Früher suchte ich dann oft den Fehler bei mir. Heute bin ich viel entspannter, denn neues Wissen zu vermitteln schafft man heute kaum noch, vor allem nicht den Seminar-Junkies. Doch warum verändert für die einen *Enjoy this Life*® das Leben komplett und bei anderen passiert gar nichts oder nur wenig? Die Antwort darauf ist einfach: Es gibt genau einen Unterschied. Der eine hat das Buch nur gelesen und den Inhalt im besten Fall verstanden und gelernt. Der andere hat angefangen, die Methode zu leben und in den Alltag zu integrieren. Ausnahmslos bei allen Teilnehmern, die die Übungen regelmäßig durchführen und sie auch in den Alltag integriert haben, hat sich das Leben verändert. Es liegt also nicht an der Methode, sondern allein an dir, ob du ein Wunder erleben kannst oder nicht.

Lasse dich ganz auf die 30 Tage ein. Dies ist ein Arbeitsbuch, es wird hier nicht wirklich neues Wissen vermittelt, sondern ich möchte dich einfach 30 Tage begleiten und mit dir zusammen ein paar neue Übungen erleben. Vor allem durch das tägliche Arbeiten an dir selbst wird dein Gehirn neue Strukturen bilden, und es wird dir nach diesen 30 Tagen viel leichter fallen, positiv zu sein und ein neues Leben zu beginnen. Du wirst sicher immer mal wieder einen Rückschritt erleben, doch lasse dich davon nicht irritieren oder gar aufhalten. Wichtig ist einfach dranzubleiben. Auch wenn du merkst, dass du aus deiner *Enjoy this Life*®-Persönlichkeit rausgefallen bist und für ein paar Minuten, Stunden oder auch Tage in alte Verhaltens- und Gefühlsmuster zurückgefallen bist, dann gib nicht auf. Sei dankbar, dass du es gemerkt hast, und mache weiter. Glaube mir, es wird sich lohnen. Schon nach dem 30-Tage-Programm wirst du eine massive Veränderung spüren, davon bin ich überzeugt.

Und nach einem Jahr, wenn du dranbleibst, wirst du voll in deiner Schöpferkraft sein, und dann weißt du, was es heißt, glücklich und sinnvoll zu leben.

Bist du bereit für ein selbstbestimmtes Leben? Hast du den Mut, dein inneres Potential zu erwecken? Wieder Freude und Spaß an deinem Leben zu haben und als Schöpfer für dein Leben verantwortlich zu sein? Dann ist *Enjoy this Life*® genau das Richtige: Es ist einfach umzusetzen, ganz ohne Dogmen, und es gibt keine Regeln. Es ist wirklich leicht und einfach in jeden Alltag zu integrieren. Lasse uns jetzt gemeinsam loslegen, ich freue mich auf die Reise mit dir!

PRAXISTEIL

In 30 Tagen zur
Enjoy this Life®-Persönlichkeit

Gedankenwelt

Im ersten Kapitel geht es um deine Gedanken. So wie ich es sehe, hindern uns nämlich unsere Gedanken daran, glücklich, erfolgreich und zufrieden zu sein. Sobald wir dies erkennen und auch, wie wir unsere Gedanken bewusst verändern können, können wir sie so umformen, dass sie uns eine wunderbare Hilfe sind.

Zunächst einmal möchte ich dich auf unseren »inneren Kritiker« aufmerksam machen. Ich nenne ihn so und will dir erklären, was genau ich damit meine. Du hast deinen inneren Kritiker schon in vielen Situationen kennengelernt, er ist unsere Gedankenstimme, die direkt von unserem Unterbewusstsein gespeist wird. Es ist die Stimme, die alles kommentiert. Wichtig ist für den Moment noch gar nicht, ob sie dir positive Dinge oder negative zuflüstert, sondern dass du deinen inneren Kritiker genauer beobachtest. Achte einmal einen ganzen Tag lang darauf, wie dein innerer Kritiker ist. Ist er jemand, der dir schöne Dinge erzählt und positiv kommentiert oder eher negativ und destruktiv? Ist er ein Unterstützer, oder redet er alles um dich herum klein? Je mehr du dir seine Existenz bewusst machst, desto besser kannst du ihn wahrnehmen. Je mehr du ihn wahrnimmst, umso mehr kannst du ihn zu deinem Freund machen.

Ein sehr wichtiger Schlüssel, um sein Leben zu verändern und in die *Enjoy this Life*®-Persönlichkeit zu gehen, ist das Beobachten dieses inneren Kritikers. Er ist, wie schon gesagt, mit deinem Unterbewusstsein verknüpft und wird von dort gespeist. Wenn wir uns allerdings bewusst machen, dass 95 Prozent der Gedanken und Handlungen vom Unterbewusstsein gelenkt werden, wie neueste Forschungsergebnisse nahelegen, dann wird schnell klar, dass wir uns mehr auf das passive Denken konzentrieren sollten. Es lohnt sich also definitiv, dem inneren Kritiker mehr Aufmerksamkeit zu schenken. Für mich ist er wie eine Tür ins Unterbewusstsein, denn er verrät mir, wie ich wirklich denke. Er zeigt mir, ob ich eher ein positiver oder ein destruktiver Mensch bin.

Lieber Leser, es ist nun sehr wichtig, dass du gnadenlos ehrlich zu dir bist, wenn du deinen inneren Kritiker einschätzt. Denn nur wenn wir erkennen, wie es um unser Unterbewusstsein steht, können wir dies auch verändern. Stelle dir mal vor, wir können gemeinsam 95 Prozent deiner Gedanken auf Erfolg ausrichten, dann bleiben lediglich 5 Prozent, die eventuell dagegen arbeiten können. Bereits in den nächsten 5 Tagen beginnen wir schon mit der Umprogrammierung deines Unterbewusstseins, damit es immer mehr zu einem positiven Motivator wird.

Sicher ist dir nicht entgangen, dass ich das Wort »Erfolg« verwendet habe. Damit meine ich nicht nur den finanziellen, sondern Erfolg auf allen Ebenen. Meine knappe Definition von einem erfolgreichen Menschen lautet: »Jemand, der seine Berufung lebt, Spaß und Freude am Leben hat, sich selbst und andere Menschen liebt, eine harmonische Beziehung lebt, gesund ist, glücklich, zufrieden, seine Ziele kennt und diese auch verwirklicht, kurz: jemand, der wirklich lebt und sein Leben in vollen Zügen genießt.«

ÜBUNG
Erfolg auf ganzer Linie

Eine sinnvolle Übung besteht darin, dass du kurz aufschreibst, was für dich Erfolg außerdem noch bedeuten könnte, und zwar jetzt und in der Zukunft, wenn du wieder zum Schöpfer deines Lebens wirst. Dafür müsstest du allerdings deine passive Haltung aufgeben und ins Schöpferbewusstsein wechseln. Das erfordert zwar Mut, denn damit sind wir verantwortlich für unser Leben und unser Umfeld, und es gibt niemanden, den wir für destruktive Situationen in unserem Leben verantwortlich machen können außer uns selbst. Doch diese Erkenntnis kann dir die Freiheit und die Einsicht schenken, dass du dein Leben so gestalten kannst, wie du es möchtest. Willst du das? Wie reagiert dein innerer Kritiker bei den letzten Sätzen? Hast du ihn beobachtet?

Checkliste: Wie erfolgreich bist du in bestimmten Bereichen deines Lebens? Kreuze auf einer Skala an, wie du dich einschätzt:

1. Fantastisch, könnte nicht besser sein!

Beruf/Berufung	○
Partnerschaft	○
Familie	○
Freundeskreis	○
Finanzen	○
Gesundheit	○
Wohnsituation	○
Talente/Hobbys	○

2. Ganz okay, ich bin im Grunde recht zufrieden.

   Beruf/Berufung ○
   Partnerschaft ○
   Familie ○
   Freundeskreis ○
   Finanzen ○
   Gesundheit ○
   Wohnsituation ○
   Talente/Hobbys ○

3. Es gibt vieles, was ich ändern möchte, weiß aber nicht, wie. Manchmal habe ich das Gefühl, die Arschkarte des Lebens gezogen zu haben.

   Beruf/Berufung ○
   Partnerschaft ○
   Familie ○
   Freundeskreis ○
   Finanzen ○
   Gesundheit ○
   Wohnsituation ○
   Talente/Hobbys ○

1. Tag
Positives Denken

Bestimmt hast du auch schon gehört, man müsse nur positiv denken, dann würde alles gut werden. Sicher ist positives Denken sehr wichtig, doch wenn ich mich so umschaue, fällt mir immer wieder auf, dass das positive Denken falsch praktiziert wird. Ich habe schon einmal darüber geschrieben, aber da es einfach zum Thema von *Enjoy this Life*® gehört, will ich es hier erneut aufgreifen und vertiefen. Ich behaupte, dass falsch angewendetes positives Denken sogar kontraproduktiv ist und dann genau das Gegenteil bewirkt.

Wie wird positives Denken oft praktiziert? Nun, im Grunde soll man sich Dinge positiv einreden, die noch nicht ideal sind. Wenn zum Beispiel deine Gesundheit verbessert werden könnte, sollst du folgende Sätze sprechen: »Ich bin gesund, und meine Selbstheilungskraft ist aktiviert. Ich bin frei von Schmerzen. Mit jedem Tag bin ich vitaler und gesünder.« Doch das ist aus meiner Erfahrung leider ein Trugschluss.

Ich möchte dir dazu ein Beispiel aus meinem Leben erzählen. Es gab eine Zeit, da war ich sehr unglücklich mit meinem Bauch. Bei einem Event sprach ich darüber, dass wir mit unseren Gedanken alles erreichen können. Da kam plötzlich meine Assistentin auf die Bühne, tätschelte mir den Bauch und sagte: »Dann manifestiere dir doch mit deinen Gedanken ein Sixpack!« Ich war damals noch der Überzeugung, dass ich mir gewisse Dinge nur richtig vorstellen und einreden muss, und dann kann ein Mangel auch behoben werden. So dachte ich: »Im Grunde muss es möglich sein, sich mittels positiver Gedanken ein Sixpack herbeizudenken.«

Also ging ich nach Hause, stellte mich mit freiem Oberkörper vor einen Spiegel, lächelte mich an und sagte: »Ich bin toll, mein Bauch ist flach, ich habe ein Sixpack ...« Doch was sagte mein innerer Kritiker? »Du bist gar nicht toll, du bist fett, Pascal, siehst du das nicht? Schau hin, hier ist kein Sixpack, das ist höchstens ein ganzes Bierfass! Also hör auf, so einen Mist zu reden!« Als ich so meinem inneren Kritiker lauschte, wusste ich, dass ich mit positivem Denken nicht ans Ziel gelange. Mir wurde in dem Moment klar, dass mein innerer Kritiker ja von meinem Unterbewusstsein gesteuert wird, also dass er 95 Prozent meines Ichs ausmacht und mein Bewusstsein, mein aktives positives Denken gerade mal 5 Prozent. Zu allem Elend richtete ich währenddessen meine ganze Aufmerksamkeit sogar auf meinen Mangel und fütterte ihn im Grunde nur noch mehr – denn Energie folgt immer der Aufmerksamkeit –, statt meinen Mangel zu verkleinern.

Wie kannst du nun aber mit positiven Leitsätzen dennoch etwas erreichen? Indem du deine Aufmerksamkeit auf Dinge richtest, die du schon gut oder sogar toll findest. Wenn du auch unglücklich mit deinem Körper bist, suchst du dir Bereiche, die du an deinem Körper schön findest, die du magst, die dir gefallen. Wenn die Aussagen zutreffend sind, findet dein innerer Kritiker auch keine Gegenargumente, sondern wird dir zustimmen. Dann arbeiten 100 Prozent für dich. Du denkst jetzt vermutlich: »Und davon soll mein Bauch verschwinden?« Nein, das vielleicht nicht, doch du wirst dich selbst und deinen Körper immer mehr annehmen und lieben lernen. Das ist viel wichtiger. Häufig schenken wir unseren Mängeln so viel Aufmerksamkeit, dass wir gar nicht mehr erkennen, was alles gut in unserem Leben ist. Je mehr du dir Aspekte bewusst machst, die dich erfüllen, die jetzt schon toll sind, die du lieben kannst, umso positiver wird dein Leben.

Ich weiß, deine innere Stimme sagt nun vielleicht: »Das hört sich ja toll an, und einen Bauch zu haben ist ja kein Problem, aber bei mir ist das nicht so einfach.« Doch bedenke, dass allein deine Einschätzung – »es ist nicht einfach« oder »bei mir funktioniert das nicht« – schon einer Entscheidung gleichkommt und du deine Energie gerade darauf fokussierst, dass es bei dir nicht funktioniert.

ÜBUNG
Positive Weichenstellung

Erstelle eine Liste mit Dingen, die du gern positiver gestalten möchtest. Dann überlege dir zu jeder Sache, die noch nicht ideal ist, mindestens 5, besser 10 Punkte, die dort schon in Ordnung sind. So kannst du die Situation mit positivem Denken beeinflussen und wirst erkennen, dass einiges daran bereits gut ist. Diese Übung kann am Anfang, je nach Situation, auch ein paar Tage in Anspruch nehmen.

Beispiel: Deine finanzielle Situation ist noch nicht so, wie du es dir wünschst.

1. Doch du hast genügend Geld, um dich zu ernähren.
2. Du kannst einen Teil deiner Rechnungen ohne Probleme bezahlen.
3. Du hast ein Dach über dem Kopf.
4. Du hast Kleidung.
5. Du kannst dir ab und zu mal einen Urlaub gönnen.
6. Du kannst ab heute deinen Geldfluss aktivieren.

In Anlehnung an diese Übung möchte ich dich auch noch mit einer weiteren leichten Übung bekannt machen, da positives Denken und Dankbarkeit für mich irgendwie Hand in Hand gehen. Ich nenne sie der Einfachheit halber die Dankbarkeitsübung. Mit ihrer Hilfe gelingt es dir, dein Unterbewusstsein umzupolen und täglich mehr und mehr mit positiven Aspekten zu füllen und so quasi das Negative zu überschreiben. Denn fürs Unterbewusstsein spielt es keine Rolle, ob dies große oder eher nebensächliche Dinge sind, für die du dankbar bist – es geht nur um die Emotion, die du dabei empfindest. Du wirst merken, je mehr du Kleinigkeiten wertschätzt und öfter auch im Stillen Danke sagst, desto mehr wird dir auffallen, wofür du alles dankbar sein kannst, und desto schneller wird dein Unterbewusstsein umgepolt.

ÜBUNG
Bewusst Danke sagen

Nimm einen Block oder Heft und schreibe dir jeden Abend mehrere Punkte auf, für die du dankbar bist; diese können sich auch wiederholen, es müssen nicht täglich neue sein. Indem du sie schriftlich fixierst, wird sich das Ganze noch tiefer in dir verwurzeln, als wenn du bloß darüber nachdenkst. Es kostet nicht viel Zeit, sehr schnell hat man ein bis zwei DIN-A4-Seiten geschrieben. Ich empfehle dir, es so oft wie möglich zu machen, am besten täglich.

Du kannst das positive Denken aber nicht nur im wachen Zustand trainieren, sondern auch in der Nacht, wenn du schläfst. Das hat auch den Vorteil, dass dein aktives Tagesbewusstsein, dein innerer Kritiker, ebenfalls »schläft« und damit nichts hinterfragt oder kommentiert. Ein geniales Hilfsmittel, das ich schon seit Jahren anwende, sind nächtliche Suggestionen. Das bedeutet im Klartext, dass ich mir jede Nacht positive Affirmationen auf CD anhöre, indem ich sie einfach im Wiederholungsmodus abspielen lasse. Alles, was ich dann höre, kann direkt in mein Unterbewusstsein gleiten. So kann ich auch Suggestionen verwenden, die mein aktives Tagesbewusstsein ablehnen würde. Ein Beispiel: »Ich bin gesund und erfolgreich« – auch wenn das vielleicht zurzeit noch nicht ganz der Wahrheit entspricht. Das ist eine tolle Übung, um das Unterbewusstsein positiv umzupolen, und das Beste daran ist, dass es tatsächlich über Nacht geschieht und keines großen Aufwands bedarf. Je nachdem, wie lange du pro Nacht schläfst, trainierst du dein Unterbewusstsein 5 bis 10 Stunden wortwörtlich im Schlaf um!

Du kannst eine solche CD oder MP3-Datei mit Suggestionen selbst ganz leicht herstellen. Mit der heutigen Technik ist das relativ leicht, und du kannst auf diese Weise viel Geld sparen. Du solltest dich vorher vielleicht ein bisschen in das Thema Affirmationen und Suggestionen einlesen, doch im Zeitalter des Internets ist das kostenlos möglich. Dann nimmst du einen MP3-Player oder ein ähnliches Aufnahmegerät und sprichst die von dir gewünschten Suggestionen darauf. Es können auch nur zehn Suggestionen sein, die du dann als Endlosschleife die Nacht hindurch laufen lässt. Falls dir deine Stimme unangenehm ist, bitte eine Person, deren Stimme du magst, die Suggestionen für dich zu sprechen. Informiere dich einfach im Internet, wie du so etwas machen könntest. Dann schreibe dir Suggestionen auf, die für dich stimmig sind und sprich diese in einem für dich angenehmen Tempo auf. Wichtig ist dabei immer, dass sie positiv formuliert sind, und keine negativen oder destruktiven Aussagen enthalten. Idealerweise sind die Affirmationen im Präsens, das heißt dem Ist-Zustand formuliert. Also nicht »Ich werde erfolgreich«, sondern »Ich bin erfolgreich«.

Du solltest mindestens drei Wochen lang Affirmationen zu deinem Thema anhören, damit es sich tief verankern kann. Wenn du magst, kannst du auch noch sanfte Hintergrundmusik dazu laufen lassen. Dann spiele diese Eigenkreation jede Nacht ab, und zwar als Endlosschleife, vom Einschlafen bis zum Aufwachen. Die Lautstärke ist dabei nicht so entscheidend, du kannst es auch sehr leise stellen, sodass es für dein Gehör gerade noch zu vernehmen ist. Wichtig ist, dass du es täglich machst und dabei über einen längeren Zeitraum dieselben Suggestionen/Affirmationen benutzt.

Damit du eine Vorstellung davon bekommst, wie solche Affirmationen lauten könnten, habe ich hier ein paar Vorschläge für dich, die du nutzen kannst, und anschließend bist du selbst gefragt:

- Ich bin gesund, und meine Selbstheilung ist aktiv.
- Ich bin erfüllt von Liebe und Geborgenheit.
- Ich bin erfolgreich und lebe in Fülle.
- Ich bin umgeben von liebevollen Mitmenschen, ich liebe und werde geliebt.
- Ich lebe meine *Enjoy this Life*®-Persönlichkeit und bin glücklich und zufrieden.
- Geld ist eine Energie, die ich im Überfluss anziehe.
- Mein Körper ist gesund, und ich liebe mich selbst.
- Ich bin frei und leicht und genieße mein Leben.
- Ich bin zu jeder Zeit am richtigen Ort und ziehe das Glück magisch an.

– Ich schlafe tief und fest und fühle mich erholt, gestärkt und gesund.

– Ich bin erfüllt von Lebensfreude, und das sieht man mir auch an.

– Ruhe und Liebe begleiten mich.

– Ich bin dankbar für jeden Tag.

– Ich liebe mein Leben, mein Umfeld und mich selbst.

Vielleicht hast du jetzt Lust bekommen, dir selbst Affirmationen auszudenken oder aufzuschreiben, was das laute Sprechen dieser Affirmationen bei dir ausgelöst hat. Wie geht es dir jetzt?

_____
_____
_____
_____
_____

Falls du keine Lust hast, die CDs selbst zu erstellen, gibt es einige Produkte dazu auf dem Markt. Meine eigenen wurden genau nach diesem Prinzip gemacht: Alle CDs und Downloads von mir, die das *Enjoy this Life*®-Logo tragen, enthalten Nachtanwendungen oder sind reine Nachtanwendungen.

Doch probiere es mal aus und stelle dir wirklich deine eigene CD zusammen, denn dann kannst du genau die Affirmationen verwenden, die für dich ideal sind oder dir am meisten zusagen.

Für mich gehören meine nächtlichen Suggestionen einfach dazu, und mit den heutigen Smartphones kann man sie ganz leicht überallhin mitnehmen. Natürlich in der Nacht nur im Flugmodus!

2. Tag
Achte auf deine Worte

Sicher hast du auch schon ein paarmal von spirituellen Menschen gehört oder in Ratgebern zu mehr Erfolg gelesen, dass man gewisse Worte nicht benutzen soll. Ich habe mir lange darüber Gedanken gemacht und bin zu der Einsicht gekommen, dass die einzelnen Worte gar nicht so entscheidend sind, weil die meisten von ihnen aus dem aktiven Bewusstsein kommen und somit gerade mal eine Kraft von 5 Prozent innehaben. Deswegen sollten wir uns nicht über Worte oder gar Sätze den Kopf zerbrechen. Viel wichtiger sind deine Empfindungen beim Sprechen, also wieder einmal ist die Emotion ausschlaggebend.

Beim *Enjoy this Life*®-Konzept geht es nicht darum, alle destruktiven Situationen zu vermeiden und nur noch lächelnd und halb verklärt durch die Gegend zu laufen. Es geht vielmehr darum zu leben, wirklich im Leben zu stehen und als Mensch hier auf der Erde Spaß und Freude zu empfinden. Denn solange wir Menschen sind, werden wir immer wieder auch mal Situationen erleben, die uns traurig, wütend, böse, enttäuscht machen. Wir dürfen uns nur nicht in den Strudel von destruktiven Emotionen ziehen lassen und uns fast selbstzerstörerisch darin suhlen. Das *Enjoy this Life*®-Prinzip soll dabei helfen, diese Situationen zu erkennen, anzunehmen und dann aufzulösen, und zwar so schnell es geht. Damit sie uns auf Dauer keine Energie rauben.

Die folgenden beiden Übungen können dir dabei helfen, positive Situationen zu kreieren.

ÜBUNG
Achtsam sprechen

Achte heute mal auf deine Sprache. Benutzt du viele Schimpfwörter? Wie fühlst du dich dabei, wenn du diese verwendest? Welche Emotion begleitet diese Worte? Achte auch darauf, welche Worte oder Sätze deiner Mitmenschen Unbehagen oder eine destruktive Emotion bei dir hervorrufen. Analysiere, woher dies kommt, welches Muster dahintersteckt, und versuche es zu erkennen, damit es dich in Zukunft nicht mehr negativ berührt. Denn deine Mitmenschen kannst du nicht verändern, du kannst nur deine Einstellung verändern, sodass diese Worte und Sätze bei dir keine destruktiven Gefühle mehr auslösen. Sei sehr aufmerksam heute und habe viel Spaß dabei.

ÜBUNG
Dein Jasage-Tag

Diese Übung kann besonders Spaß machen und dir ganz neue Dinge zeigen. Im Grunde ist sie relativ schnell erklärt.

Suche dir einen Tag aus – am besten gleich den heutigen –, an dem du nur mit Ja antwortest, wenn dich jemand etwas fragt. (Es sei denn, es wäre für dich oder deine Familie in irgendeiner Weise gefährlich oder du würdest nachher einen Vertrag abgeschlossen haben, den du gar nicht möchtest, doch sonst sage einfach mal im Großen und Ganzen nur Ja.) Beobachte auch, wie viel Mal dein erster Impuls ist, Nein zu antworten. Viele sagen bei der Übung: »Das ist eine blöde Übung, ich habe so schon Mühe, Nein zu sagen, und ich lasse mich oft ausnutzen.« Aber darum geht es nicht in dieser Übung, es geht darum, spontan zu sein und neue Dinge auszuprobieren, bei denen wir normalerweise sagen würden: »Ich bin müde, das kann ich nicht, gerne ein anderes Mal, aber nicht heute.« Wenn dich heute mal jemand fragt oder um irgendetwas bittet, woraus dir keine wirklichen Nachteile entstehen, sage einfach mal Ja. Versuche das Wort Nein heute nur dann zu benutzen, wenn es für dich oder jemand anders schädlich sein könnte.

Kleiner Tipp: Verrate niemandem, dass du den Jasage-Tag eingelegt hast, vor allem nicht deinen Kindern ... Die mögen das besonders bei den Eltern. Lasse dich voll und ganz auf den Jasage-Tag ein, und du wirst merken, wie oft du damit in neuartige Situationen gerätst und dadurch auch ganz neue Energien in dein Leben lässt.

Später kannst du das Jasagen zum Beispiel auf eine Stunde am Tag reduzieren oder auch einen Jasage-Tag pro Woche einlegen. Ja zu sagen setzt eine ganz andere Energie frei, sie ist offen und strahlt nach außen. Nein bewirkt genau das Gegenteil. Es ist klein, wirkt nach innen und macht energielos. Wie oft sagst du Nein und würdest eigentlich lieber Ja sagen. Behalte auch das in Zukunft ein bisschen im Auge und lerne, in Situationen immer öfter Ja zu sagen, in denen du etwas gerne möchtest, es dir aber vielleicht nicht zutraust.

Viel Spaß und sage Ja zu der Übung!

3. Tag
Beginne zu verändern:
Was für Visitenkarten verteilst du?

Wir alle verteilen täglich Visitenkarten. Ich denke dabei allerdings nicht an unsere Business-Visitenkarten, die wir anderen geben, sondern meine den Eindruck, den wir bei unseren Mitmenschen hinterlassen. Visitenkarten, die wir durch das, was wir anderen über uns selbst erzählen, verteilen.

Bestimmt kennst du auch Menschen, bei denen man jedes Mal, wenn man sie trifft, schon im Vorfeld genau weiß, dass jetzt gleich das Gejammere wieder losgeht oder dass diese Person immer über andere lästert.

Ich finde es oft ein wenig erschreckend, wenn mir zum Beispiel in einem Seminar oder bei einem Treffen die Menschen erzählen, was alles schiefläuft in ihrem Leben – und das, obwohl ich sie kaum kenne. Das Blöde dabei ist, dass in meinem Bewusstsein dies jetzt nicht mehr Frau X ist, sondern: »Oh, das ist die mit den Eheproblemen oder die mit den Hühneraugen.«

Lieber Leser, ich hoffe, du verstehst, wie ich das meine. Mache dir also bewusst, wie du andere Leute mit deiner Selbsteinschätzung und den Anekdoten aus deinem Leben beeinflusst. Sie sehen dich so, wie du dich beschreibst. Wenn du jedem deine Mangelgedanken einpflanzt, wird dich auch jeder als minderwertig ansehen, und früher oder später wirst du von deinem Umfeld entsprechend behandelt. Das heißt nicht, dass man nicht auch mal etwas Negatives erzählen soll oder wenn man wirklich gerade Kopfschmerzen hat, das nicht anspricht. Doch auch hier ist wieder die Energie entscheidend, mit der du das machst. Erzählst du es als Opfer, oder gibst du diese Information weiter, weil es einen Grund gibt?

Beispiel: Wenn ich Kopfschmerzen habe, erzähle ich das nie, außer wenn ich ein Meeting habe oder etwas Ähnliches und ich merke, meine Kopfschmerzen beeinträchtigen mich so sehr, dass ich schlecht zuhören kann oder gar gereizt bin, dann teile ich dies meinem Gegenüber mit. Ich sage etwa: »Lieber Herr oder Frau X, Sie sollten wissen, dass ich gerade Kopfschmerzen habe und vielleicht deswegen nicht ganz so aufmerksam wirke, doch es hat nichts mit Ihnen oder dem Thema zu tun, sondern es fällt mir nur gerade schwer, mich zu konzentrieren.«

Den »Mangel« sollte man nur mitteilen, wenn es wirklich auch Sinn ergibt. Das ist für mich der Unterschied. Wenn wir beispielsweise jedem erzählen, was wir alles nicht können, was alles nicht gut an uns ist, müssen wir uns darüber im Klaren sein, dass wir dies selbst immer mehr zu glauben beginnen. Es bilden sich Glaubenssätze, und die verankern sich tief in unserem Unterbewusstsein. Das heißt, der Mangel wird dann immer mehr zu unserer Realität. Da wir unserem Umfeld auch noch ständig unsere Mängelliste vorbeten, werden wir in deren Augen auch immer mehr zum Mängelexemplar, und schlussendlich wird es dann tatsächlich so. Denn auch die Energien unseres Umfelds beeinflussen uns natürlich, vor allem wenn wir in uns nicht stabil sind.

Was mir sehr geholfen hat, ist, Menschen zu beobachten, ihnen wirklich zuzuhören und zu schauen, welchen Eindruck sie bei mir hinterlassen. So habe ich gelernt, wie viele destruktive Visitenkarten wir unbewusst verteilen, die weder förderlich sind noch zu irgendetwas dienen. Deswegen finde ich es besonders wichtig, wenn du deine neue *Enjoy this Life*®-Persönlichkeit leben willst, dass du dir auch wirklich bewusst machst, welche Visitenkarten du verteilst. Falls dich dein Umfeld nicht so wahrnimmt, wie du bist oder du dich fühlst, liegt es wohl daran, dass du die falschen Visitenkarten über dich verteilst. Wenn du diese änderst, wirst du sehen, dass schon nach kurzer Zeit auch dein Umfeld dich anders wahrnehmen wird. Doch wir haben oft ein großes Problem damit, den Menschen auch zu zeigen, dass es uns gut geht, dass wir zufrieden sind – mit unserem Job, der finanziellen Situation, Beziehungen, Familie und so weiter. Weil wir Angst haben, wir könnten Neid und Missgunst erwecken oder es würde über uns geredet. Deswegen haben viele schon unbewusst die Taktik entwickelt, sich selbst und ihr Leben klein und bescheiden zu halten oder zu zeigen, um nur ja keine Aufmerksamkeit zu erregen. Achte einmal gezielt darauf, und wenn du merkst, dass du viele unvorteilhafte Karten verteilst, dann ändere das. Entwirf neue Visitenkarten – allerdings sollten sie der Wahrheit entsprechen!

ÜBUNG
Dein neuer Auftritt

Achte darauf, welche Visitenkarten du verteilst, sowohl Fremden gegenüber als auch Freunden, Bekannten, Mitarbeitern und Familie. Welche gilt es zu ändern? Welche könnte man optimieren? Wie könnten deine neuen Visitenkarten aussehen, sodass es für dich stimmig und echt ist?

Mache dir bewusst, es gibt immer Menschen, die dich doof finden, ob du erfolgreich und glücklich bist oder nicht. Es wird immer über dich geredet, solange es Menschen gibt. Wenn es so oder so der Fall sein wird, dann sei wenigstens selbst glücklich und erfolgreich. Du wirst merken, dein Umfeld verändert sich und die Miesepeter werden weniger, und ab und zu nur noch kreuzt einer deinen Weg. Dann segne ihn und wünsche ihm, dass er eines Tages auch seine *Enjoy this Life*®-Persönlichkeit finden und leben kann. Höre auf, dich vor anderen und dir selbst zu rechtfertigen, denn Rechtfertigung ist Mangelbewusstsein. Und vor allem verteile zukünftig bewusst keine destruktiven Karten mehr, das hast du nicht nötig.

4. Tag
Kreiere deine
Enjoy this Life®-Persönlichkeit

Ich hoffe, dass du die letzten Übungen ausprobiert hast und auch umsetzen konntest. Jetzt gehen wir zu einer der wichtigsten Übungen; die anderen Übungen waren als Vorbereitung gedacht und um es dir zu erleichtern, deine eigene *Enjoy this Life*®-Persönlichkeit zu entwickeln und zu kreieren. Diese Übung ist der ganze Schlüssel zu der *Enjoy this Life*®-Persönlichkeit und somit der zentrale Kern des ganzen Buchs.

Bitte lies dir diesen Abschnitt daher sorgfältig durch, damit du auch alles gut verstanden hast. Entscheidend ist, dass du das, was ich schreibe, wirklich zu fühlen versuchst, und nicht nur vom Kopf her so zu tun als ob. Wir beginnen jetzt mit der Übung, lies zunächst nur den ersten Abschnitt durch, den zweiten bitte noch nicht. Wenn du ihn zu Ende gelesen hast, praktiziere kurz diese Übung für dich. Ideal sind etwa 3–5 Minuten.

ÜBUNG
Idealzustand visualisieren

Schließe zuerst die Augen. Nimm dir einen Moment Zeit und komme zur Ruhe. Atme tief ein und aus. Jetzt fühle in dich hinein. Frage dich dann selbst: Bin ich wirklich glücklich? Fühle ich mich erfolgreich? Spüre, wie dein Körper auf diese Fragen reagiert. Wie geht es dir dabei, was meint dein innerer Kritiker, wie fühlt sich dein Körper dabei an? Lasse die Worte einfach möglichst ohne Erwartung auf dich wirken. Wenn du das

Gefühl hast, du konntest es gut wahrnehmen, kehre wieder zurück, öffne deine Augen und lies dann erst den zweiten Abschnitt.

Schließe jetzt nochmals die Augen und komme wieder zur Ruhe. Diesmal stellst du dir vor, du seist überglücklich und unglaublich erfolgreich. Alles in deinem Leben ist so, wie du es dir wünschst. Versuche eine entsprechende Emotion in dir wachzurufen, sie nicht nur zu denken. Stelle dir den Idealzustand vor. Spüre nun nochmals in deinen Körper und achte darauf, wie sich das anfühlt.

Öffne deine Augen nun langsam wieder.

Wie war das für dich? Konntest du den Unterschied spüren? Dann nimm dir kurz Zeit, um zu analysieren, worin für dich der Unterschied bestand. Lies erst dann weiter, wenn du ungefähr weißt, wie der Unterschied für dich war. Bei jedem fällt die Reaktion allerdings ein bisschen anders aus. Wichtig ist aber nur, dass du einen Unterschied gespürt hast, weil sonst alles, was nun folgt, für dich bloße Theorie ist. Doch falls du keinen Unterschied wahrnehmen konntest, empfehle ich dir, nicht weiterzulesen, sondern diese Übung nochmals zu machen, dir vielleicht ein bisschen mehr Zeit zu lassen. Wenn es nicht funktioniert, liegt es häufig nur daran, dass du zu viel Erwartungsdruck aufgebaut hast oder gestresst bist. Falls es geklappt hat, analysieren wir diese Übung kurz zusammen. Das ist natürlich jetzt sehr allgemein gehalten, und bei jedem ist es individuell anders.

Hast du bei der zweiten Situation den Impuls gespürt, dich größer zu machen, dich auszudehnen? Viele bekommen den Impuls, sich mehr aufzurichten. Ich nenne dieses Gefühl den Erfolgskick. Als *Enjoy this Life*®-Persönlichkeit suchen wir genau dieses Gefühl. Dieses Gefühl ist unser Kontrollimpuls:

Wenn wir ihn spüren, wissen wir, dass wir in unserem *Enjoy this Life*®-Zustand sind. Ich hoffe, du konntest diesen Impuls spüren oder wahrnehmen. Denn jetzt geht es darum, zu diesem Impuls, dem Erfolgskick, die richtigen Verknüpfungen hinzuzufügen, damit nachher deine *Enjoy this Life*®-Persönlichkeit richtig kreiert ist und es im Anschluss relativ leicht sein wird, dein Leben komplett zu verändern.

Daher fordere ich dich nun auch auf, lasse uns jetzt gleich deine *Enjoy this Life*®-Persönlichkeit kreieren. Notiere dir alles, was dir zu deiner neuen Identität in der Zukunft einfällt. Schreibe so viel wie möglich und erfinde dich neu. Aber mache dir keinen Stress, du kannst dein neues Ich jeden Tag erweitern, Dinge streichen, verändern und hinzufügen; deine neue, lichtvolle, erfolgreiche Rolle wird sich immer entwickeln und verändern. Als Inspiration kannst du auch Schauspieler nehmen, Filmrollen, Dichter, Personen, die du kennst, oder einfach Menschen, die du bewunderst. Achte auf die Eigenschaften, die dir gefallen, die für dich diese Person so anziehend machen, und schreibe dir diese Eigenschaften auch in dein Persönlichkeitsprofil. Nimm dir mindestens eine Stunde Zeit, um deine *Enjoy this Life*®-Persönlichkeit zu kreieren, und lies erst dann weiter.

ÜBUNG
Sich neu erschaffen

Schreibe auf, wie du dich als *Enjoy this Life*®-Persönlichkeit in der Zukunft siehst und du leben möchtest. Dabei spielt es keine Rolle, ob das zurzeit umsetzbar ist oder nicht, es geht nur darum, alles so zu definieren, wie du es gern haben möchtest. Die folgende Liste kann dir helfen, dir über so viele Lebensbereiche wie möglich Gedanken zu machen.

Wie ist deine *Enjoy this Life®*-Persönlichkeit in folgenden Bereichen:

Partnerschaft

Familie

Kinder

Freundeskreis

Fremden gegenüber

Finanzen

Gesundheit

Wohnsituation

Talente/Eigenschaften

Wie spricht sie?

Wie ist der psychische Zustand?

Wie denkt sie?

Welche Ausstrahlung besitzt sie?

_____
_____
_____
_____
_____

Wie wirkt sie auf andere Menschen?

_____
_____
_____
_____
_____

Wie handelt sie in ungerechten Situationen?

_____
_____
_____
_____
_____

Wie handelt sie in schwierigen/stressigen Situationen?

_____
_____
_____
_____
_____

Was ist ihr wichtig?

_____
_____
_____
_____
_____

Was sind deine Wünsche, die als *Enjoy this Life*®-Persönlichkeit in Erfüllung gehen?

_____
_____
_____
_____
_____

Falls du Muster und Blockaden hast, schreibe sie gar nicht erst auf, sondern verkehre sie in deinem Drehbuch für deine *Enjoy this Life*®-Persönlichkeit ins Gegenteil.

Beispiel: Du hast Ängste, dann schreibe: »Als *Enjoy this Life*®-Persönlichkeit bin ich mutig und selbstbewusst.«

Schreibe wirklich alles nieder, was für dich von Bedeutung ist.

Du kannst diese Liste natürlich endlos erweitern, je mehr und detaillierter, umso besser. Achte aber darauf, dass du es möglichst immer positiv formulierst, du also keine Verneinungen beziehungsweise »nicht« verwendest. Übrigens findest du im Anhang ab Seite 199 zu diesem Buch noch einmal den obigen Fragenkatalog zu deiner Persönlichkeitsvision. Dort kannst du dann nach Abschluss des 30-Tage-Programms eintragen, wo du danach aktuell stehst, inwiefern du dich schon geändert hast und welche deiner persönlichen Ziele du bereits erreicht hast. So kannst du auch ganz leicht erkennen, in welchen Bereichen du noch ein bisschen nachjustieren möchtest.

Hier noch ein paar zusätzliche Input-Fragen, die dir helfen können. Versuche mal, sie zu beantworten:

1. Stelle dir einen Menschen vor, den du als ideal bezeichnen könntest. Dieser Mensch kann entweder komplett erfunden sein, oder du nimmst einzelne Eigenschaften, die du an anderen bewunderst, und baust dir daraus einen neuen Menschen zusammen. Nun lasse diesen Menschen in deiner Fantasie Wirklichkeit werden. Schaue diese Person in deiner Vorstellung nun so an, als würdest du sie durch eine Scheibe betrachten. Stelle sie dir in verschiedenen Situationen vor und beobachte diese Szenen genau.
Was macht diesen Menschen aus? Wie ist dieser Mensch und was macht diese Person so besonders für dich? Fallen dir vielleicht charakteristische Bewegungen auf? Verwendet diese Person besondere Wörter? Handelt sie auf bestimmte Weise? Was auch immer dir positiv auffällt, notiere es!

_____
_____
_____
_____
_____

2. Stelle dir vor, dass du alle Punkte, die du schon aufgeschrieben hast, bereits lebst und umsetzt. Beobachte dich in der neuen Situation mit deiner neuen *Enjoy this Life*®-Persönlichkeit. Nun imitiere diese Person in deinem realen Körper.

Stehe auf und bewege dich wie diese Person. Gehe und sprich, ja denke sogar wie diese. Was empfindest du dabei? Kannst du den Impuls, dich ausdehnen zu wollen, spüren? Notiere deine Empfindungen.

_____
_____
_____
_____
_____

3. Wie wärst du, wenn es keinerlei Beschränkungen in deinem Leben gäbe? Wenn weder Geld noch Verpflichtungen und auch sonst nichts, was dich in deinem Leben einschränkt, dich zurückhalten könnte? Was würdest du als Erstes tun?
Wie würdest du gern auf andere Menschen wirken? Wie sollen dich die anderen sehen? Was soll ihnen auffallen, wenn sie dich treffen? Mit welchen Worten sollen sie dich beschreiben, und welche Bilder sollen ihnen in den Sinn kommen? Was sollen die Leute an dir schätzen, und was würden sie gern von dir übernehmen?

_____
_____
_____
_____
_____

4. Wie reagierst du, wenn dich jemand anspricht?

_____
_____
_____
_____
_____

Nun hast du eine Idee, wie deine *Enjoy this Life*®-Persönlichkeit ist. Selbstverständlich kannst du nicht jede erdenkliche Situation im Voraus beschreiben und dir überlegen, wie du als *Enjoy this Life*®-Persönlichkeit reagieren würdest. Integriere diese Übung aber so oft wie möglich in deinen Alltag. Du wirst erkennen, dass deine *Enjoy this Life*®-Persönlichkeit wie jede andere Person von Tag zu Tag wächst, gedeiht und reift.

5. Tag
Werde deine neue
Enjoy this Life®-Persönlichkeit

Warum ist es so wichtig für dich, die gestrige Übung schriftlich zu machen, bevor du weiterliest? Schon das Schreiben allein ist die erste Manifestation: Denke es nicht nur, sondern bringe es wirklich zu Papier. Dann kannst du schon ab heute deine *Enjoy this Life*®-Persönlichkeit zu leben beginnen, und das, ohne dass du zusätzlich viele Suggestionen benötigst, bewusst positiv denken oder Muster und Blockaden auflösen musst. Der Kernpunkt der ganzen Methode besteht darin, die Persönlichkeit klar definiert zu haben und diese dann aktiv zu leben. Du wirst merken, dass vieles bereits nach sehr kurzer Zeit schon zu deiner neuen Realität wird.

Doch wie genau sollst du jetzt damit anfangen, die Persönlichkeit zu leben, damit es auch glaubhaft für dich und deinen inneren Kritiker ist? Wichtig ist dabei, dass du nicht mehr die einzelnen Punkte, die du verbessern möchtest, oder wie du gern sein möchtest, aktiv im Bewusstsein hast, sondern dir vorstellst, deine *Enjoy this Life*®-Persönlichkeit ist eine neue »Rolle«, in die du einfach hineinschlüpfen kannst.

Und wie gelingt dir dies ohne großen Aufwand, und wie kannst du das in deinem Alltag erreichen? Im Grunde ist es ganz leicht: Du lebst dein Leben ab heute einfach in deiner neuen Rolle. Und wenn du sie angenommen hast, also diese Rolle lebst, dann bist du auch in deiner absolut perfekten Schöpferform. Du spielst es nicht nur, sondern du bist es. Das ist der große Unterschied. Du kannst die Rolle aber jederzeit noch mehr optimieren oder anpassen. Zunächst einmal brauchst du gar nichts in deinem Leben aktiv zu ändern, sondern kannst deinen Alltag genauso weiterleben wie vorher, mit einem Unterschied.

Das Einzige, was du tun musst, ist, dich vor allen Handlungen kurz zu fragen: »Wie mache ich das als *Enjoy this Life*®-Persönlichkeit?« Dann spüren, wie sich der Erfolgskick einstellt. Sobald du diesen bemerkst, geht das von Mal zu Mal schneller, dann handle in deiner neuen Persönlichkeit. Falls es dir noch nicht ganz gelingt, dir dein neues Ich vorzustellen, habe ich für dich hier noch eine Meditationsübung, die du vorher machen und beliebig oft wiederholen kannst.

ÜBUNG
Dein inneres Licht entfachen

Setze dich bequem hin und nimm dir zuerst ein bisschen Zeit, um zur Ruhe zu kommen. Versuche alles, was ich nun sage, auch zu spüren und nicht nur gedanklich zu verstehen. Atme ein paarmal tief ein und aus ... Fühle, wie die Luft beim Einatmen kühler ist und beim Ausatmen wärmer. Beobachte etwa 20–30 Züge lang nur deinen Atem. Lasse beim Ausatmen auch alle Anspannungen los, stelle dir vor, dass alles Schwere und Belastende einfach ausgeatmet wird. Lasse dir Zeit. Dann fühle in dich hinein und frage dich im Stillen: »Wie fühle ich mich gerade?« Beobachte dann wieder einen Moment lang, wie du dich fühlst, wie dein Körper reagiert. Lasse dir Zeit dafür.

Stelle dir nun vor, du bist in deiner Stadt oder in deinem Dorf. Laufe einfach ganz normal wie immer durch deinen Wohnort und beobachte dich dabei: Wie machst du das, wie fühlst du dich? Schlendere durch dir bekannte Straßen, Gassen und schaue dir deinen Wohnort an. Beobachte dein Gefühl dabei. Lasse dir dafür Zeit.

Dann stelle dir vor, du begegnest Menschen, die du aus deiner Stadt oder deinem Dorf kennst. Du kommst mit einigen ins Gespräch oder grüßt sie einfach. Wieder beobachtest du nur dein Tun und wie du dich dabei fühlst. Lasse dir auch dafür genügend Zeit.

Jetzt gehe langsam in deine *Enjoy this Life*®-Persönlichkeit, stelle dir vor, dass du voll und ganz in dein erfolgreiches Selbst wechselst. Du bist die *Enjoy this Life*®-Persönlichkeit, alle deine Wünsche sind Realität, und nun fühle, wie du dich von der Herzgegend her ausdehnst. Stelle dir vor, dass in deinem Herzen ein Licht ist, und mit jedem Einatmen wird dieses Licht immer heller und größer, und mit jedem Ausatmen dehnst du dein Licht immer mehr in deinem Körper aus. Atme ein – das Licht wird heller, atme aus – du dehnst das Licht in deinem ganzen Körper aus. Nimm in deinem eigenen Tempo 20–30 Atemzüge, indem du dein Licht immer heller werden lässt und voll und ganz in deinem Körper ausdehnst. Jede Zelle deines Körpers wird durchflutet von deinem inneren Licht ... Lasse dir Zeit dafür.

Lasse jetzt dein Licht über deinen Körper hinausstrahlen bis in deine gesamte Aura. Stelle dir vor, dass bei jedem Einatmen dein Licht heller wird und sich beim Ausatmen von deiner Herzgegend und deinem Oberkörper ausbreitet, über deinen Körper hinaus, etwa 1–2 Meter um dich herum. Du atmest ein – dein Licht wird heller und größer, du atmest aus – dein inneres Licht verteilt sich in deiner ganzen Aura. Wiederhole dies etwa 20–30 Atemzüge in deinem eigenen Tempo. Lasse dir Zeit.

Spüre jetzt in deinen Körper hinein. Wie fühlst du dich? Wie geht es dir? Richte nun bewusst deinen Körper noch weiter auf. Öffne dich vom Herzen her und stelle dir wieder vor, dass du in deinem Wohnort bist. Bewege dich durch die Straßen und spüre, wie es diesmal ist. Gehe einfach dir bekannte Wege und genieße es, als *Enjoy this Life*®-Persönlichkeit durch deinen Wohnort zu laufen. Du triffst erneut auf Bekannte: Wie ist es nun für dich? Wie fühlst du dich? Lasse dir ein bisschen Zeit und genieße es, als *Enjoy this Life*®-Persönlichkeit dein Dorf oder deine Stadt zu erkunden.

Jetzt mache dich langsam auf den Weg zu dir nach Hause oder an einen Ort, an dem du dich sehr wohlfühlst. Suche dir dort eine Möglichkeit, wo du dich hinlegen kannst, ideal ist dein Bett oder auf dem Boden. Lege dich nun in Gedanken hin und öffne deine Arme und deinen Körper ganz weit und spüre, dass du und dein Licht den ganzen Ort einnehmen. Bitte dann in Gedanken um heilende Energie aus der geistigen Welt und fühle, wie du von der lichtvollen Energie durchflutet wirst. Lasse dir Zeit dafür.

Sei offen für diese lichtvolle Energie und lasse es zu, dir selbst einfach etwas Gutes zu tun. Lasse dies einen Moment lang geschehen und komme dann, wenn es für dich richtig und gut ist, wieder hierher zurück, bleibe aber in der *Enjoy this Life*®-Persönlichkeit. Wenn du voll und ganz zurück bist, öffne deine Augen.

Gerade am Anfang kann es dir helfen, schon am Morgen diese Übung zu machen, damit du leichter in der *Enjoy this Life*®-Persönlichkeit durch deinen Tag gehen kannst. Mit der Zeit fühlst du immer mehr, wann du in der *Enjoy this Life*®-Persönlichkeit bist, und brauchst diese Übung immer weniger. Mache dir in deinem Alltag oft bewusst und achte darauf, wie deine Körperhaltung ist. Bist du offen, aufrecht, oder hast du dich klein gemacht? Denke daran: Jedes Mal, wenn du dich vom Körper her klein machst, machst du dich auch von deiner Energie her klein. Deine Aura zieht sich zusammen, und deine Energie fließt weniger gut. Allein wenn du in deiner *Enjoy this Life*®-Persönlichkeit bist, wird deine Energie besser fließen. Das hat den zusätzlichen Vorteil, dass deine Selbstheilung besser arbeitet und aktiviert wird.

Ein weiterer Aspekt, der dir dabei helfen soll, deine *Enjoy this Life*®-Persönlichkeit noch schneller zu leben und zu aktivieren, besteht darin, dir bewusst zu machen, dass im Zuge deiner Veränderung dein Umfeld mitunter Mühe damit haben wird. Einige werden vielleicht sogar versuchen, dich in dein altes Leben und die gewohnten Handlungsmuster zurückzulotsen. Sie tun dies nicht, um dir zu schaden, sondern sie sind bloß verunsichert, weil du dich auf einmal anders verhältst, als sie es von dir gewohnt sind. Das kann ihnen Angst machen.

Wie kannst du nun mit deinen eigenen Mustern und Blockaden umgehen, wie diese auflösen? Meine Philosophie dazu lautet: erkennen und verändern. Nicht ständig analysieren und aufarbeiten, anschauen, Rückführungen machen und so weiter. »Warum?«, fragst du dich jetzt vielleicht. Weil ich dann meine Aufmerksamkeit und somit meine Energie ständig auf den Mangel lenke. Das bedeutet dann wiederum, dass meine Resonanz mehr Blockaden anziehen muss, sie noch vertiefen muss, denn ich will ja etwas auflösen, will etwas weghaben. Das ist auch aus meiner Sicht der Grund, warum viele Menschen, die ständig alles hinterfragen und den Ursprung des Übels suchen, noch kränker sind oder noch mehr Muster und Blockaden haben, als wenn sie nichts unternommen hätten.

Aber was kann dir jetzt konkret helfen, wenn du merkst, dass du ein paar Muster und Blockaden hast (die wir im Grunde alle haben, nur bei einigen sind sie ausgeprägter als bei anderen)? Dass wir uns richtig verstehen, natürlich sollten wir sie auflösen, aber eben nicht analysieren und im Mangeldenken darangehen. Ein Muster oder eine Blockade hat immer denselben Ursprung:

Dir wurde etwas verkehrt vorgelebt, du hast die falschen Erfahrungen gemacht, und dadurch entsteht dann auch destruktives Denken. Somit liegt die Lösung auf der Hand: Erkenne, wie du über eine Situation, ein Muster und eine Blockade denkst, was sie in dir hervorruft, was sich ständig wiederholt. Dann verändere dein Handeln und dein Denken, und du wirst sehen, die Muster und Blockaden lösen sich auf. Ich weiß, das hört sich einfach an, und mir ist bewusst, dass es nicht so leicht ist. Doch es ist machbar. Gehen wir dies mal Schritt für Schritt zusammen an.

ÜBUNG
Muster und Blockaden
identifizieren und auflösen

Schreibe alle deine Muster und Blockaden auf, die du kennst. Lege dazu zwei Spalten an, links mit deinen Mustern und Blockaden, rechts lässt du vorerst noch frei. Jetzt beobachte dich in den nächsten Tagen, ob dir im Laufe der Zeit noch weitere Muster und Blockaden auffallen. Wichtig dabei ist: Steigere dich nicht hinein, nimm sie einfach wahr und bringe sie zu Papier. Verwende nicht zu viel Energie darauf. Du kannst diese Übung auch die nächsten Monate oder Jahre immer wieder machen. Jetzt schreibe in die rechte Spalte deinen gewünschten Endzustand. Wie genau du das formulierst, ist dabei nicht so wichtig. Ausschlaggebend ist nur, dass du dir Gedanken darüber machst. In der linken Spalte könnte zum Beispiel stehen: Ich habe Angst vor Spinnen. Und in der rechten: Ich bin mutig und lasse mich von Spinnen nicht aufhalten.

In einem letzten Schritt schreibst du jetzt all das in deine *Enjoy this Life*®-Persönlichkeit hinein, und zwar auf dasselbe Blatt (siehe Seite 42 ff. und Anhang Seite 200 ff.) oder in das Notizheft, in dem du bereits deine *Enjoy this Life*®-Persönlichkeit kreiert hast. Und nun versuche mal etwa drei bis sechs Wochen lang, einfach nur deine *Enjoy this Life*-Persönlichkeit zu leben, die diese Themen nicht mehr hat. Solltest du jetzt im Alltag doch einem Muster oder einer Blockade begegnen, kannst du kurz innehalten und dich selbst fragen: »Wie würde ich als *Enjoy this Life*®-Persönlichkeit mit der Situation umgehen?« Dann achte darauf, welcher Impuls folgt, fühle die *Enjoy this Life*®-Persönlichkeit und handle so, wie der Impuls es dir vorgibt. Wenn du das so umsetzt, werden sich die meisten Muster und Blockaden auflösen, ohne dass du groß etwas dazu beiträgst. Wichtig ist nur, dass du dir dafür Zeit lässt, aber erwarte nicht die riesige Veränderung schon in den ersten paar Tagen.

Solltest du jetzt wirklich merken, dass es da ein Muster gibt, das du nicht durchbrechen kannst, dann machen wir noch den allerletzten Schritt, allerdings ist der bei den meisten gar nicht nötig: Du musst dich ganz bewusst dieser Situation stellen. Wenn du beispielsweise Höhenangst hast, hast du irgendwo die Erfahrung gemacht, dass Höhe nicht angenehm für dich ist, und da du jetzt jedes Mal bei Höhe Angst bekommst, wird sich dieses Muster immer mehr verstärken. Wie kann man so etwas auflösen? Indem du dich bewusst der Höhe stellst, Schritt für Schritt, und dir bei jedem Schritt bewusst machst, dass nichts Schlimmes passiert ist. Aber übertreibe es nicht. Du kannst die Höhe zum Beispiel schrittweise heraufsetzen, immer nur kurz an die Grenzen gehen, bis du dich an der Grenze wohlfühlst, und dann einen Schritt weiter und noch einen.

Es ist nicht wichtig, woher die Angst kommt, sondern dass du wieder positive Erfahrungen machst. Das geht manchmal eben nicht anders, als dass man sich dem Muster oder der Blockade bewusst stellt.

Doch konfrontiere dich mit deinen Mustern und Blockaden erst nach etwa vier bis sechs Monaten, nachdem du die *Enjoy this Life*®-Persönlichkeit schon in deinen Alltag integriert hast. Wenn du nach dieser Zeit merkst, dass es immer noch ein paar Muster und Blockaden gibt, die nach wie vor nicht verschwunden sind, habe etwas mehr Geduld. Die meisten Muster und Blockaden werden sich ganz von allein durch das neue Handeln auflösen, ohne dass du dich mit ihnen konkret auseinandersetzt.

Wie schätzt du dich selbst ein im Hinblick auf:

positives Denken?

_____
_____
_____
_____
_____

deine Wortwahl?

_____
_____
_____
_____
_____

deine Visitenkarten?

_____
_____
_____
_____
_____

deine Vision von deiner *Enjoy this Life*®-Persönlichkeit?

_____
_____
_____
_____
_____

deine aktive Umsetzung von deiner Vision?

_____
_____
_____
_____
_____

Körperbewusstsein

Im ersten Kapitel ging es vor allem um unsere Gedankenwelt. Nun will ich auf die Körperebene wechseln. Ich habe immer mal wieder festgestellt, dass gerade in der spirituellen Szene, aber auch in der Erfolgscoachingszene viele nur auf der geistigen und intellektuellen Ebene bleiben. Dabei klammern sie oft den Körper und das Körperbewusstsein aus oder behandeln diese nur am Rande.

Als *Enjoy this Life*®-Persönlichkeit dürfen wir jedoch unseren Körper nicht vergessen. Gerade im Alltag kann es nämlich schnell passieren, dass wir unseren Körper vernachlässigen, seine Signale übersehen und dadurch dann nicht nur seelisch, sondern auch körperlich rasch aus dem Gleichgewicht geraten, was zu gesundheitlichen Problemen führen kann. Außerdem konnte ich oft beobachten, dass diejenigen, die ihren Körper wertschätzen, das natürlich auch ausstrahlen und dadurch zum Beispiel auch glücklicher und erfolgreicher sind. Menschen mit einem guten Körperbewusstsein können über den Körper das seelische Wohlbefinden enorm beeinflussen und damit auch die Gesundheit. Ein gutes Körperbewusstsein ist nicht jedem gegeben. Wer Schwierigkeiten hat, den eigenen Körper und eventuelle Anspannungen bewusst wahrzunehmen, kann die Meditation im Anschluss durchführen.

ÜBUNG
Meditation durch den Körper

Diese kleine Meditation dient dazu, den Körper besser wahrzunehmen und Anspannungen zu lösen. Du lernst in der Meditation ein neues Körperbewusstsein, und gleichzeitig lernst du, dich bewusst zu entspannen. Du kannst dir die Meditation zunächst einmal gut durchlesen und dann in Gedanken selbst machen, oder du sprichst dir den Text langsam auf ein Tonband oder ein anderes Aufnahmegerät auf.

Lege oder setze dich bequem hin und beobachte einen Moment lang deinen Atem. Nimm wahr, wie du einatmest und ausatmest. Beobachte einfach einen Moment lang deinen Atem. (kurze Pause)

Dann gehe mit deiner Aufmerksamkeit auf deine Füße und spüre, wie sie sich anfühlen. Fühle, ob sie vielleicht noch irgendwo angespannt sind. Falls ja, dann entspanne sie jetzt ganz bewusst und lasse los. Nimm dir dafür Zeit.

Richte deine Aufmerksamkeit auf deine Unterschenkel. Wie fühlen sie sich an? Entspanne sie ganz bewusst, fühle, wie sie entspannt und schwer werden. Stelle dir vor, du atmest von deinen Füßen aus ein bis hoch zu deinen Unterschenkeln und atmest wieder über deine Füße aus. Nimm 2–3 Atemzüge. Dann gehe mit deiner Aufmerksamkeit auf deine Knie und entspanne sie ganz bewusst. Atme dann wieder durch deine Füße ein bis zu deinen Knien und atme von deinen Knien über deine Füße aus. Entspanne dabei komplett deine Knie, Unterschenkel und Füße. Nimm dann auch wieder 2–3 Atemzüge in deinem persönlichen Tempo und wiederhole das Ganze. Gehe jetzt mit deiner Aufmerksamkeit auf deine Oberschenkel und entspanne sie ganz bewusst. Atme dann wieder durch deine

Körperbewusstsein 61

Füße ein und ziehe die Energie von den Füßen bis hoch zu deinen Oberschenkeln, und beim Ausatmen geht es wieder zurück durch deine Füße. Stelle dir vor, wie du dabei komplett deine Beine entspannst. Mache dies 2–3 Atemzüge lang und fühle jetzt mal ganz bewusst in deine Beine hinein: Wie fühlen sie sich an? Entspanne ganz bewusst deine Beine. Beobachte einen Moment wirklich ganz entspannt deine Beine. (kurze Pause)

Atme dann wieder durch deine Füße ein und ziehe die Energie durch deine Füße in deinen Beckenbereich und entspanne bewusst dein Becken und deinen Po. Beim Ausatmen atmest du wieder von deinem Becken bis zu deinen Füßen aus und entspannst deinen Körper dabei ganz bewusst. Spüre, wie sich dein Beckenbereich anfühlt. Beobachte ganz kurz, wie du von der Hüfte abwärts vollkommen entspannt und ruhig bist. Nimm so wieder 2–3 Atemzüge.

Atme jetzt durch deine Füße in deinen Oberkörper ein. Während du dann von deinem Oberkörper über deine Füße ausatmest, entspannst du deinen Oberkörper vollkommen. Lasse alles los. Stelle dir auch vor, wie sich deine inneren Organe entspannen. Nimm auf diese Weise 2–3 weitere Atemzüge. (Pause)

Atme jetzt wieder durch die Füße ein und lasse deinen Atem durch deine Beine, dein Becken und den Oberkörper fließen bis hin zu deinen Armen und weiter bis ganz nach vorne in jede einzelne Fingerspitze. Beim Ausatmen entspannst du deine Hände und Arme komplett. Atme aus, bis du erneut bei deinen Füßen angelangt bist. Wiederhole diesen Vorgang für 2–3 Atemzüge.

Atme dann wieder durch deine Füße ein, bis ganz nach oben zu deinem Kopf. Sobald du bei deinem Kopf angekommen bist, atmest du wieder über deinen ganzen Körper zurück in die Erde aus. Wiederhole das Ganze für 2–3 Atemzüge. Beobachte dabei deinen Körper und fühle die Entspannung.

Atme nun weiterhin über deine Füße ein bis ganz nach oben zu deinem Kopf und beim Ausatmen wieder zurück von deinem Kopf zu deinen Füßen. Während du atmest, fühle die Entspannung und beobachte deinen Körper. Atme so noch ein paar Minuten in deinem eigenen Tempo. Falls du irgendwo eine Anspannung bemerkst, lasse diese jetzt ganz bewusst los. Erspüre gegen Ende ganz bewusst, wie sich nun dein Körper anfühlt. Komme dann, wenn es richtig und gut für dich ist, wieder hierher zurück und öffne deine Augen.

Diese Übung kann dir helfen, deinen Körper besser wahrzunehmen und ihn bewusst zu entspannen. Beobachte auch, während du die Übung machst, welche Bereiche in deinem Körper angespannt sind oder du nur schlecht wahrnehmen kannst. Falls du solche Bereiche lokalisieren kannst, lohnt es sich, dort ein paar Atemzüge mehr zu machen, bis du die Entspannung gut fühlen kannst. Diese Meditationsübung ist sehr leicht, aber bei regelmäßiger Anwendung wirst du feststellen, dass du ein besseres Körpergefühl bekommst.

6. Tag
Bringe Bewegung in dein Leben!

Wir wissen mittlerweile aus zahlreichen Studien, dass Menschen, die körperlich aktiv sind, viel weniger zu Depressionen und zu Stimmungstiefs neigen. Ich habe zudem festgestellt, dass selbstbewusste Menschen und erfolgreiche Menschen sich häufig viel schneller und auch öfter bewegen. Du musst dazu nicht unbedingt Sport treiben, du darfst, aber du musst nicht. Wichtig ist allein, dass du dich bewegst.

Wenn ich dir sage: »Bring Bewegung in dein Leben!«, dann meine ich damit nicht nur Bewegung im körperlichen Sinn, sondern auch im geistigen. Sorge aktiv für Veränderungen. Sobald du feststellst, dass du eine Blockade hast, sei es beispielsweise in der Beziehung, bei einem Streit, im Arbeitskontext, auch auf der kreativen oder körperlichen Ebene, empfehle ich dir, eine kurze Auszeit von deinem jeweiligen »Projekt« zu nehmen, quasi alles stehen und liegen zu lassen und nach draußen an die frische Luft zu gehen. Drehe eine Runde im Park, schaue ins Grüne und lasse alle Gedanken ziehen. Wenn du genügend Sauerstoff getankt hast und möglichst auch in forschem Schritt unterwegs warst, solltest du dir zumindest den Frust über die Blockade weggelaufen haben. Im besten Fall hat dieser kurze Aktivitätsschub dich auf neue Ideen und neue Ansätze gebracht. Wenn es in deiner Nähe keinen Park oder Wald gibt, dann läufst du eben durch ein Wohnviertel, in dem Bäume stehen und nicht so viel Straßenverkehr herrscht.

Sinnvoll wäre es, wenn du ansonsten keinerlei Sport treibst, regelmäßig Spaziergänge in deinen Alltag einzubauen und, so oft es sich einrichten lässt, auf das Auto oder öffentliche Verkehrsmittel zu verzichten. Ignoriere auch mal den Aufzug oder die Rolltreppe und gehe lieber zu Fuß.

Sorge auch dafür, dass du im Kopf beweglich bleibst und nicht in Routinen verharrst. Mache dir bitte bewusst: Menschen, die sportlich sind, sind auch flexibler im Geist. Wechsle einfach mal deine Tageszeitung oder suche dir einen alternativen Radiosender. Hinterfrage auch immer mal wieder deine Standpunkte, ob sie so für dich noch stimmig sind oder ob sich durch neuen Input nicht vielleicht auch die eine und andere Sichtweise verändert hat. Im Kapitel über das Entrümpeln auf Seite 93–120 findest du eine ganze Reihe von Vorschlägen dazu, wie du frischen Wind in dein Leben bringen kannst.

Was definitiv frischen Wind und viel Bewegung in dein Leben bringt, sind eine neue Partnerschaft oder neue Freundschaften. Diejenigen unter den Lesern, die in einer glücklichen Beziehung sind, können das Folgende nun überspringen oder auch zum Anlass nehmen, neue Inspiration für die bestehende Partnerschaft daraus zu beziehen. Daneben gibt es natürlich auch Menschen, für die es absolut stimmig ist, allein zu leben, doch prüfe genau, ob das für dich auch zutrifft.

Im Grunde sollten wir verstehen, dass der Mensch ein Rudeltier ist. Deswegen sitzen gerade in diesem Bereich die Ängste und auch Glaubenssätze sehr tief. Solltest du merken, dass du dich eigentlich nach einem Partner sehnst oder dir gar einen wünschst, und nur die Angst vor Zurückweisung, Ablehnung oder Ähnliches dich abhält, dich auf jemand Neues einzulassen, dann solltest du das Thema Partnerschaft genauer anschauen und in deine *Enjoy this Life*®-Persönlichkeit integrieren. Lasse dich nicht von Mustern und Glaubenssätzen wie: »Der/die Richtige gibt es nicht, ich bin zu alt, ich bin zu hässlich, beziehungsunfähig etc.« abhalten. Nur wenn du diesen Sätzen

Glauben schenkst, werden sie Realität. Das gilt genauso, wenn du neue Beziehungsgedanken in deine *Enjoy this Life*®-Persönlichkeit integrierst und dein Handeln änderst – auch sie werden Realität. Du hast die Wahl!

Du sollst wissen, falls du Single bist und Schwierigkeiten hast, jemanden kennenzulernen oder jemanden anzusprechen, dass dann oft ein »Programm« aus der Steinzeit aktiv ist. Mache dir bewusst, auch wenn dich Menschen ablehnen oder aus dem »Rudel« Freundeskreis/Familie ausschließen, wirst du heutzutage immer noch überleben. Wenn du aktiv bleibst, wirst du auch neue Freunde, ein neues »Rudel« kennenlernen. Du wirst es vielleicht nicht glauben, aber die häufigste Ursache, warum Menschen keinen Partner finden, ist, weil sie sich abkapseln und gar nicht mehr auf neue Menschen zugehen, da sie schlicht Angst haben oder es leid sind, Ablehnung zu erfahren. Wenn man es objektiv von außen betrachtet, ist diese Misere ganz einfach lösbar. Die Menschen müssten nur wieder auf andere Menschen zugehen, aktiv werden und sie ansprechen, das heißt: ihr Verhalten ändern und dieses Muster von Passivität und Angst durchbrechen und in Aktivität und Mut umwandeln.

Hier sind ein paar Übungen, wie du neue Kontakte knüpfen kannst und somit auch die Chancen massiv erhöhst, einen neuen Partner kennenzulernen:

ÜBUNGEN
Werde Schöpfer deiner Beziehungen

1. Der erste Schritt ist, wenn du ab heute wieder lernst, Menschen kennenzulernen, dir bewusst zu machen, dass es zunächst einmal nur darum geht, nicht deine Traumfrau/ deinen Traummann zu suchen und kennenzulernen, sondern überhaupt wieder mit Menschen in Kontakt zu treten. Denn viele haben die Resonanz, dass sie unbedingt so schnell wie möglich jemanden kennenlernen wollen. Sie gehen nur noch mit dieser Absicht raus, und der Grund dafür ist der Mangel, sie fühlen sich allein oder einfach nicht erfüllt. Mache dir bewusst, wenn du auf der *Suche* nach einem Partner bist, ist dies energetisch gesehen *Mangelbewusstsein*: Dir fehlt etwas, und du willst etwas haben. Ein Schöpfer, eine *Enjoy this Life®-Persönlichkeit* sucht aber nicht, sondern lässt kommen, beziehungsweise er zieht die richtigen Situationen an.

2. Sei mal ganz ehrlich: Wie oft warst du die letzten drei bis sechs Monate wirklich unter Menschen, wo du die Chance gehabt hättest, jemanden kennenzulernen? Denke mal eine Weile ernsthaft darüber nach. Natürlich kannst du überall jemanden kennenlernen, doch wenn du nur zu Hause und auf der Arbeit und beim Einkaufen bist, ist die Chance natürlich viel geringer. Im Grunde mangelt es nicht an bereitwilligen Singles, nur sind die meisten einfach nicht wirklich aktiv und geben so dem »Glück« auch keine Chance.

3. Gehe ab heute mindestens ein- bis viermal im Monat aus und unternimm etwas Neues, wobei du auf andere Menschen triffst. Egal, ob dies ein Kurs ist, ein Tanzabend, ein

Theaterbesuch, ein Spaziergang am See oder Ähnliches. Falls du niemanden hast, keine Freundin oder einen Freund, der mitkommt, lasse dich davon nicht aufhalten. Wenn du nicht aktiv wirst, wird sich nichts verändern. Nimm deinen Kalender und plane mindestens die nächsten vier bis sechs Termine, an denen du unterwegs sein wirst, und zwar jetzt sofort. Notiere sie dir gleich, allerdings sollten diese Termine nicht innerhalb der nächsten drei Monate sein. Wichtig ist: Halte diese Termine unbedingt ein, auch wenn du an diesem Tag keine Lust hast oder die Aktivität allein machen musst.

4. Sprich ab heute mindestens eine bis drei Personen täglich an, die du nicht kennst oder mit denen du noch nie ein Wort gewechselt hast. Lerne wieder ganz ungezwungene Gespräche zu führen. Das muss nichts Großartiges sein. Manchmal reichen schon zwei oder drei Sätze. Wer lange allein war, muss oft auch wieder lernen, jemanden anzusprechen. Doch im Moment geht es nicht darum, einen Partner zu finden, sondern – egal ob jung, alt, Kind, Mann oder Frau – wieder in Verbindung zu treten mit dir völlig Unbekannten oder noch kaum bekannten Menschen. Das ist schwer, ich weiß. Aber es hilft dir auch, deine Komfortzone zu erweitern und mit der Zeit deinen Freundeskreis.

5. Lade mindestens alle zwei Monate, besser noch jeden Monat Freunde oder Bekannte zu dir nach Hause ein. Egal, ob zum Essen, Filmschauen oder auf einen Kaffee. Vielen Menschen ohne Partner fehlt es oft auch sonst an einem sozialen Netzwerk. Natürlich nicht allen, doch wenn du häufig allein bist oder nur selten eingeladen wirst, werde selbst aktiv und lade wieder Menschen ein.

Mache dir bewusst: Wenn du wirklich etwas an deiner Situation ändern möchtest, dass es allein an dir liegt und du aktiv werden solltest, egal, ob du ein Mann oder eine Frau bist. Sei auf keinen Fall passiv, nimm dein Glück wieder selbst in die Hand und werde Schöpfer deiner Beziehung(en).

Denke daran: Du hast es in der Hand, wieder mehr Bewegung in dein Leben zu bringen und es zu verändern, indem du jetzt daran arbeitest, deine Muster und Blockaden zu durchbrechen, dein Leben wieder aktiv selbst zu gestalten und als *Enjoy this Life®*-Persönlichkeit zu leben. Ich weiß, das ist am Anfang vielleicht nicht ganz leicht, doch es ist machbar.

7. Tag
Körperwahrnehmung

Viele wissen gar nicht, dass wir über unsere Körperhaltung und Bewegungen auch unsere Psyche beeinflussen können. Ich habe die Erfahrung gemacht, dass Menschen mit einem guten Körperbewusstsein oft auch innere Veränderungen viel schneller umsetzen können. Sie sind zudem meist flexibler, und es fällt ihnen leichter, ihr Leben zu ändern. Ich zeige dir im Anschluss eine Wahrnehmungsübung, und dann kannst du mal in deinen Körper hineinfühlen. Du wirst dabei wahrscheinlich feststellen, dass gewisse Regionen für dich ganz leicht zu spüren sind, andere wiederum nur sehr schwer und manchmal kaum. Meistens ist das dann ein Indiz dafür, dass die Energie in diesem Bereich nicht so richtig fließt.

Lieber Leser, damit wir uns richtig verstehen – eine Energieblockade bedeutet nicht, dass du krank bist oder etwas Schlimmes hast, es bedeutet nur, dass der Energiefluss an dieser Stelle nicht optimal ist. Doch klar ist auch, je besser unsere Energie fließt, desto gesünder fühlen wir uns. Deswegen finde ich es als *Enjoy this Life*®-Persönlichkeit enorm wichtig, dass wir uns das anschauen und verändern, denn je mehr Energie ungehindert fließen kann, desto mehr Kraft, Motivation und Energie hast du auch, um dein Leben zu leben.

Mit der folgenden Übung kannst du wahrnehmen, wo Blockaden sind, und im Anschluss gebe ich dir noch ganz einfache Tipps mit auf den Weg, wie du die Energie wieder zum Fließen bringen kannst. Es ist gar nicht so schwierig, da Energie immer der Aufmerksamkeit folgt.

ÜBUNG
Energetische Blockaden aufspüren

Lege dich am besten bequem hin, doch mache diese Übung zu einem Zeitpunkt, wo du nicht zu müde bist, damit du nicht einschläfst. Beobachte einen Moment lang nur deinen Atem, nimm wahr, wie du einatmest und ausatmest ... Beobachte 20–30 Züge lang nur deinen Atem. Lasse Stille und Ruhe in deinen Körper und deine Gedanken einkehren.

Wenn du so weit bist, lenke deine Aufmerksamkeit auf deine Füße und wandere nun aufmerksam durch deinen Körper, angefangen bei deinen Füßen, Zentimeter um Zentimeter langsam nach oben bis zu deinem Scheitel. Du kannst dir auch vorstellen, dass du von den Füßen aufwärts bis zum Scheitel durchgescannt wirst.

Achte auf die Stellen, an denen es dir schwerfällt, etwas zu spüren, oder wo dir die bloße Vorstellung schon schwerfällt oder du das Gefühl bekommst, in deiner Wahrnehmung zu springen. Beobachte dies nur, und wenn du beim Scheitel angekommen bist, wiederhole die Prozedur noch etwa dreimal. Du wirst mit größter Wahrscheinlichkeit an immer derselben Stelle Mühe haben. Dort sind dann deine Energieblockaden. Komme dann langsam in deinem Tempo wieder zurück und öffne deine Augen.

Wenn du magst, kannst du dir die Stellen in deinem Notizbuch aufschreiben, oder du merkst sie dir einfach. Wie schaffen wir es jetzt, dass Energie wieder ungehindert durch diese Bereiche hindurchfließen kann? Nun, das ist gar nicht so schwer. Mache dir zunächst bewusst, dass häufig dort, wo die Energie staut, sich mit der Zeit auch deine Lymphflüssigkeit stauen kann oder gar die Durchblutung nicht mehr so gut ist. Deswegen ist eigentlich alles empfehlenswert, was deine Durchblutung anregt und dabei hilft, wieder in Schwung zu kommen: Seien es nun wärmende Cremes oder Öle auf Kräuterbasis oder auch Massagen oder regelmäßige Saunabesuche, die den Körper dabei unterstützen, die Energie in Fluss zu bekommen. Am wenigsten mit Aufwand verbunden ist allerdings die folgende Übung, die zu Anfang, und gerade im Winter, ein bisschen Überwindung kostet.

ÜBUNG
Kalt duschen

Diese Übung ist einer meiner absoluten Favoriten, weil wir sie jeden Tag machen können und weil ihre Wirkung enorm ist, und zwar auf vielen Ebenen. Sie ist auch ganz schnell erklärt! Dusche jeden Tag kalt. Ja, du hast richtig gelesen. Du darfst am Anfang auch warm duschen, doch die letzten paar Minuten bitte kalt. Steigere das Kaltduschen jeden Tag mehr. Es ist eine unglaublich effektive Übung. Erstens lässt es dich deinen Körper so richtig spüren, und zwar jede Zelle, ist also super fürs Körperbewusstsein. Und zweitens hat diese Übung nicht nur unheimlich positive Effekte auf den Körper, sondern auch auf die Psyche. Deswegen könnte man diese Übung zusätzlich auch der fünften Säule zuordnen, wenn es um die Gesundheit und Selbstheilung geht. Kalt zu duschen ist sehr gut für die Durchblutung des Körpers. Je besser der Körper durchblutet wird, umso idealer kommt auch die Selbstheilung in Fluss. Nicht nur der Blutfluss wird angeregt, sondern auch die Lymphflüssigkeit. Dadurch wird das Immunsystem aktiviert. Außerdem wird die Haut mit der Zeit schön weich und zart und beginnt zu entgiften. Somit ist es auch sehr hilfreich gegen Falten und Cellulitis. Auf der psychischen Ebene kann es gegen Stimmungstiefs helfen, aber vor allem bist du einfach fit und wach und startest ganz anders in den Tag.

Als ich mir vor langer Zeit angewöhnt habe, immer kalt zu duschen, stolperte ich durch Zufall über ein spannendes Forschungsprojekt. Es kam zu dem Ergebnis, dass viele erfolgreiche Menschen täglich kalt duschen und dass Menschen generell dadurch viel positiver und aktiver sind. Sie starten nämlich jedes Mal mit einem Erfolgserlebnis in den Tag. Wie? Nun, sie müssen sich immer wieder aufs Neue überwinden, kalt zu duschen, somit lernen sie jeden Tag eine Herausforderung erfolgreich zu meistern. Das Unterbewusstsein und das Gehirn unterscheiden nicht zwischen kleinen und großen Dingen. Durch das tägliche Überwinden sagen wir unserem Unterbewusstsein im Grunde jedes Mal:»Du hast es wieder geschafft, etwas auf den ersten Blick Unangenehmes erfolgreich zu bewältigen.« Das speichern unser Gehirn und Unterbewusstsein, und wir fühlen uns immer besser und erfolgreicher und werden noch dazu gesünder.

Eine kleine Übung hat diese enorme Kraft: das Kaltduschen.

8. Tag
Warum du dich pflegen solltest

Menschen der spirituellen Szene stellen oft die inneren Werte so in den Vordergrund, dass die äußeren Werte, also das Aussehen, die Körperpflege oder auch das Schminken, verteufelt und als oberflächlich abgetan werden. Leider muss ich sagen, dass man den Leuten die Zugehörigkeit zu dieser Szene häufig nicht nur ansieht, sondern es auch riecht. Du kannst dich nicht selbst lieben, wenn du deinen Körper derart vernachlässigst und ihn nicht reinigst. Ein ganz einfacher Weg, um Selbstliebe zu lernen und zu fördern, besteht für mich nicht nur darin, seine Seele zu pflegen, sondern auch seinen Körper.

Als ich begann, die *Enjoy this Life*®-Persönlichkeit immer mehr in meinen Alltag zu integrieren, fiel mir auf, dass ich Körperpflege bis dato sehr unbewusst und eher nebenbei betrieben hatte. Vorher habe ich mich kurz nach dem Aufstehen und oft noch todmüde unter die Dusche geschleppt und bin rauchend unter dem Strahl gestanden, in Gedanken schon wieder bei meinen Pflichten und Aufgaben, habe mich lieblos eingeseift, schnell abgespült und mich wieder aus dem Bad geschleppt.

Ich kann mich noch gut daran erinnern, wie ich das erste Mal als *Enjoy this Life*®-Persönlichkeit duschen ging, wie viel bewusster ich schon allein den Wasserhahn aufdrehte und dankbar war, dass ich fließendes Wasser hatte, das sogar warm aus der Leitung kam, und nicht kilometerweit laufen und Eimer schleppen musste. Ich genoss es, meinen Körper mit diesem kostbaren Gut, das oft nicht genügend wertgeschätzt wird, zu waschen. Ich seifte mich sehr bewusst ein, und auch das Abwaschen der Seife war viel liebevoller, so wie später das

Abtrocknen. Ich fühlte mich nach dieser Dusche erfrischt und gut. Ich war ganz im Jetzt, ganz bei dem, was ich tat. Meine Gedanken waren ausschließlich bei mir und meinem Körper. Später ging es weiter mit Zähneputzen, Eincremen, Kämmen, Anziehen und so fort. Bewusstes Eincremen pflegt zum Beispiel nicht nur, sondern hat auch eine versöhnliche Seite und ist ein Akt der Selbstliebe. Ich schenkte mir bei all diesen Abläufen viel mehr Aufmerksamkeit als früher.

ÜBUNG
Achtsam in den Tag

Solltest du auch zu den Menschen gehören, die hektisch in den Tag starten, beim Zähneputzen bereits Mails checken und sich im Auto auf dem Weg zur Arbeit schminken oder rasieren, dann habe ich hier eine Übung für dich, die du am besten erst mal am Wochenende angehst, wenn du Ruhe und Muße hast, und hoffentlich später in deinen Alltag integrieren kannst, allerdings ohne vorher lange darüber nachzudenken.

Ich möchte, dass du dir nach dem Aufwachen die Zeit nimmst, dir im Geiste auszumalen, wie du als *Enjoy this Life*®-Persönlichkeit dein Badezimmer betrittst und dich Schritt für Schritt und dabei jeder Kleinigkeit bewusst für den neuen Tag herrichtest. Und erst wenn du gedanklich angezogen bist und frisch geschrubbt glänzt und strahlst, stehst du auf und wiederholst den gesamten Ablauf wirklich. Wenn du all diese Schritte bewusst und liebevoll ausführst, wirst du merken, wie gut dir das tut, und es immer wieder erleben wollen. Und womöglich ist das sogar ein Anreiz für dich, dann auch im Alltag leichter und früher aus den Federn zu kommen!

Bemühe dich darum, deinen Körper viel bewusster zu reinigen, und betrachte diesen ganzen Prozess nicht lediglich als Teil eines lästigen Pflichtprogramms. Du wirst merken, es ist viel entspannter, und man kommt mit der Zeit wirklich zu sich selbst.

Bedenke immer: Dein Körper ist deine Hülle, dein Tempel, und wenn dieser nicht gepflegt und liebevoll umsorgt wird, dann fühlt sich auch eine wunderbare liebevolle Seele nicht wohl darin.

9. Tag
Stressreduktion

Stress ist aus meiner Sicht wirklich der Killer Nummer eins, da er tatsächlich oft dazu führt, dass wir krank werden, schneller altern und eine schlechte Ausstrahlung haben. Zudem katapultiert er uns am ehesten aus der *Enjoy this Life*®-Persönlichkeit heraus. Wie wir alle wissen, ist Stress alles andere als ideal, und dennoch lassen wir uns viel zu schnell und zu oft stressen. Das Wort »Stress« ist im Westen schon fast ein Mantra geworden. Leider muss ich zugeben, es selbst auch viel zu häufig zu verwenden, was zeigt, wie oft ich mich gestresst fühle und auch selbst Stress erzeuge. Deswegen habe ich mich sehr intensiv damit auseinandergesetzt.

Zähle mal mit, wie oft du das Wort »Stress« am Tag verwendest, und achte auch mal darauf, wie oft dieses Wort von deinem Umfeld verwendet wird. Mir ist eine Sache in den letzten Jahren bewusst geworden, dass ich nämlich häufig gar keinen Stress hatte, sondern mich selbst unglaublich unter Druck gesetzt habe.

Stress wird oft ausgelöst, wenn wir das Gefühl haben, in einer Sackgasse zu stecken, und weder fliehen noch kämpfen können. Stress ist immer eine Reaktion auf eine eingebildete oder auch tatsächliche Bedrohung, die einen Flucht- oder Kampfinstinkt auslöst und Adrenalin freisetzt.

Es gibt ganz viele verschiedene Faktoren von Stress. Ist dir, mein lieber Leser, bewusst, dass für etwa 90 Prozent aller Krankheiten Stress die Ursache ist? Aus meiner Sicht basiert jede Erkrankung auf einem Energiemangel, weil Stress unserem Immunsystem die ganze Energie entzieht. Je unglücklicher wir mit unserer Lebenssituation sind oder wenn wir gar Hass empfinden, desto mehr mentaler und emotionaler Stress wird erzeugt. Das kann leicht zu Depressionen oder Angstzuständen führen. Ich bin überzeugt davon, dass dein Leben schon viel stressfreier geworden ist, allein wenn du die ersten acht Tage des Programms umgesetzt hast. Und dennoch weiß ich aus Erfahrung, wie leicht uns der Stress einholen kann und wir dadurch nicht nur in Stress geraten, sondern auch komplett aus der *Enjoy this Life*®-Persönlichkeit fallen.

ÜBUNG
Stressliste

Nimm ein Blatt Papier oder dein Notizbuch und schreibe alle dir bekannten Situationen auf, in denen du dich gestresst fühlst oder leicht in Stress geraten könntest. Wirf dazu noch mal einen genauen Blick auf dein Leben – vor *Enjoy this Life*® und auch während *Enjoy this Life*®: Welche Situationen haben dich gestresst, wo hast du dich unter Druck gefühlt? Achte auch mal darauf, wie es zu diesen Situationen gekommen ist, denn wenn wir verstehen, wie wir in eine stressige Lage geraten, kennen wir oft schon die Lösung.

Lasse dir aber wirklich Zeit mit der Erstellung der Liste. Wenn du es intensiv und gründlich machen willst, vor allem wenn du eher jemand bist, der schnell Stress hat, dann lege die Liste über ein paar Tage an. Es ist kein Wettbewerb, wie schnell du eine Übung machst, sondern es geht darum, wie gründlich du sie machst und dann auch in dein Leben integrierst.

Sobald du mit der Liste fertig bist, unterteile die Punkte auf deiner Liste in »chronischen Stress« und »situativen Stress«. Chronischer Stress tritt auf in Situationen, die du immer und immer wieder erlebst, ist also ein Muster, das sich durch dein Leben zieht. Situativer Stress entsteht aus einer Situation heraus, mit der du vielleicht nicht gerechnet hast.

Jetzt kommt der zweite Schritt:

Wir widmen uns zuerst dem chronischen Stress, der uns meistens viel mehr belastet als der situative, da er regelmäßig vorhanden oder sogar ein Dauerzustand ist. Im Grunde bleibt uns hier natürlich nichts anderes übrig, als auf die Situationen anders zu reagieren, sprich: diese zu verändern und uns dadurch viel Stress zu ersparen. Das ist am Anfang vielleicht ein bisschen Arbeit und mehr Aufwand, doch du wirst sehr schnell feststellen, dass es am Ende viel Ruhe in dein Leben bringen wird. Ich gebe dir ein paar Beispiele – Dinge, die mich früher gestresst haben, oder Beispiele von Seminarteilnehmern –, damit du verstehst, wie man Veränderungen vornehmen könnte.

Beispiele:

– Die ständige Erreichbarkeit durch mein Handy bereitete mir früher viel Stress. Heutzutage erhalten wir ja nicht nur Anrufe auf dem Handy, sondern zig Textnachrichten, E-Mails und Ähnliches. Ich fühlte mich früher oft verpflichtet, sofort zu reagieren und zu antworten. Dadurch merkte ich mit der Zeit, dass ich ständig am Handy war.

Meine persönliche Lösung: Ich gab meine private Handynummer und E-Mail-Adresse nur noch Menschen, für die ich auch erreichbar sein wollte. Mein Handy ist zu 99 Prozent immer stumm geschaltet. Meine Freunde wissen, dass sie mir in dringenden Fällen eine SMS schicken oder auf den Anrufbeantworter sprechen können. Ich schaue nur auf mein Handy, wenn ich Zeit habe, und nicht mehr, wenn es klingelt oder piepst. Auf unnötige SMS oder Mails reagiere ich gar nicht mehr. Natürlich habe ich meinen Freunden diesen Entschluss und meine Gründe dafür mitgeteilt. Viele von ihnen halten es heute genauso.

– Viele beginnen den Tag schon total gestresst, weil sie zu spät aufstehen, und kommen dann auch oft zu spät in die Schule oder zur Arbeit.
Lösung: Einfach früher aufstehen. Häufig kommt das Argument: »Ich bin aber froh um jede Minute, die ich schlafen kann, ich brauche das.« Meiner Meinung nach brauchen viele das, weil sie jeden Tag im Stress und deswegen oft auch völlig übermüdet sind. Schon nach ein paar Tagen ohne Stress wirst du allerdings feststellen, dass du weniger Schlaf benötigst. Ich stehe jeden Tag zwischen fünf und sechs Uhr morgens auf, ganz ohne Wecker und ohne Stress. Auch wenn ich mal erst um zwei Uhr ins Bett komme, verschlafe ich nicht.

– Durch Termindruck oder zu viele Termine fühlen sich viele in ihrem Job hoffnungslos überlastet, gerade viele Selbstständige. Das musste ich eine Zeit lang auch erleben.
Lösung: Oft ist nicht das Problem, dass wir zu wenig Zeit haben, sondern zu viele Projekte oder Aufgaben in zu wenig Zeit geplant haben. Lerne auch Nein zu sagen. Lerne deine Zeit besser einzuteilen. Achte außerdem darauf, immer wieder auch eine Pause einzulegen. Oft geht einem die Arbeit danach viel leichter von der Hand, es unterlaufen einem weniger Fehler, und am Ende ist man früher fertig. Mache mindestens jede Stunde fünf Minuten kurz Pause, nicht nur von der Arbeit, sondern auch sonst im Alltag.

– Unnötige Diskussionen oder Gespräche, für die dir die Zeit fehlt oder wenn du dich ohnehin schon gestresst fühlst, sind eine zusätzliche Belastung.
Lösung: Wenn ich mich nicht in der Lage fühle, konzentriert zuzuhören oder ein Gespräch zu führen, dann habe ich gelernt, das ganz einfach zu kommunizieren. Ich sage dann: »Das Gespräch ist mir wichtig, doch mir fehlt gerade die Zeit dafür, und dadurch kann ich dir nicht wirklich zuhören.«

Dies waren jetzt nur einige wenige Beispiele, doch ich denke, sie zeigen dir, wie du deinen chronischen Stress reduzieren könntest. Vielleicht notierst du auch kurz hinter jede Situation, die du als chronischen Stressverursacher identifiziert hast, in wenigen Worten deine eigene Lösung. Es schwarz auf weiß zu sehen hilft dir, die Situationen viel bewusster wahrzunehmen und sie künftig aufzulösen.

Bei situativem Stress ist die Sache nicht ganz so leicht, weil du dich nicht auf die stressige Situation vorbereiten kannst, doch mit der Methode »positives Umerleben«, die ich ausführlicher im Kapitel »Fokus und Meditation« am 20. Übungstag auf Seite 138 beschreibe, wird es dir mit der Zeit immer einfacher gelingen, auch bei überraschenden stressigen Situationen ruhig zu bleiben und positiv zu reagieren. Mache dir einfach Folgendes bewusst: Sobald du in eine stressige Situation kommst, ist es das Beste, zunächst Ruhe zu bewahren und voll und ganz in deine *Enjoy this Life*®-Persönlichkeit zurückzugehen und erst dann zu agieren. Ich denke, das A und O, um mit Stress umzugehen, ist, dir bewusst zu machen, dass du gerade Stress erlebst, und dann kannst du auch darauf reagieren. Das Hauptproblem ist, dass wir Stress oft schon so gewohnt sind, dass wir ihn als »normal« empfinden und dann nicht bemerken, wie uns durch den Stress immer mehr Energie entzogen wird und wir immer mehr aus der *Enjoy this Life*®-Persönlichkeit fallen.

Hier noch ein paar zusätzliche Tipps, die dir helfen können, mehr Ruhe und Gelassenheit in deinen Alltag zu integrieren, damit Stress bald der Vergangenheit angehört. Wichtig ist dabei, dass du vorher alle vermeidbaren und chronischen Stresssituationen identifizierst und anders reagierst. Wenn du alles beim Alten belässt, wird sich leider auch nicht viel verändern.

TIPPS
gegen Stress

1. Regelmäßige Meditation, Yoga, Thai-Chi, autogenes Training helfen den Körper zu entspannen und Stress zu reduzieren.

2. Nimm dir jede Stunde eine fünfminütige Auszeit oder pausiere mindestens alle zwei Stunden. Atme dabei bewusst tief ein und aus.

3. Körperliche Bewegung, Spaziergänge, Walking und Sport bauen Stress ab.

4. Massagen und liebevolle Berührungen sowie Sex sind tolle Stresskiller.

5. Ein heißes Bad entspannt Körper, Geist und Seele. Noch idealer ist ein Basenbad, da es hilft, die Übersäuerung im Körper auszugleichen.

6. Achte überhaupt auf deinen Säure-Basen-Haushalt. Das erreichst du mit sinnvoller Ernährung. Ein stark

übersäuerter Körper führt zu noch mehr Stress und macht auf Dauer krank. Im Internet findest du viele Tipps und auch gute Bücher zu diesem Thema.

7. Hochwertige Vitamine und Mineralstoffe können dir helfen, den Stress zu reduzieren. Achte auf genügend B-Vitamine, Magnesium, Kalzium, Vitamin D. Ideal geeignet ist auch Gerstengraspulver als Smoothie, um den Stress zu reduzieren.

8. Aromaöle wie zum Beispiel Lavendel, Melisse, Rose, Geranie, Ylang-Ylang oder Zitronengras reduzieren Stress.

9. Vermeide viel Kaffee, Nikotin, Zucker, Süßstoffe und Alkohol. Diese Stoffe sind stimulierend und können den Stress erhöhen. Achte auf eine ruhige, entspannte Umgebung beim Essen. Das hilft nicht nur gegen Stress, sondern unterstützt auch dein Verdauungssystem.

10. Vermeide Tratsch und Gejammer, sowohl dein eigenes wie auch das von anderen. Vielen ist nicht bewusst, dass dieses Verhalten Stress produziert.

11. Plane in deinem Terminkalender bewusst auch Freizeit ein, vor allem dann, wenn du dazu neigst, dich zu überarbeiten. Gerade als Mutter wäre es sinnvoll, Pausenzeiten einzuplanen, in denen du Zeit nur für dich hast (kinderfreie Zeit). Bringe deinen Kindern bei, wie sie sich je nach Alter eine längere Zeit sinnvoll allein beschäftigen können.

12. Humor und Lachen sind der beste Stresskiller überhaupt.

13. Spiele und Tollen mit den Kindern (oder auch ohne) machen Spaß und bringen Ruhe und Gelassenheit.

14. Meide Aussagen wie »Ich habe Stress«, »Ich bin gestresst« und »Ich muss noch schnell ...« oder »Ich sollte noch ...«. Mache dir Folgendes bewusst: Es geht weniger darum, was du sagst, es ist vielmehr ein Anzeichen dafür, dass du wirklich unter Druck stehst und gestresst bist. Hast du das erst erkannt, dann verändere die Situation und auch deine Aussagen.

Ich denke, wenn du dir mal bewusst Gedanken zum Thema Stress machst, wirst du sicher als *Enjoy this Life*®-Persönlichkeit auch noch wunderbare neue Dinge herausfinden, die dir noch mehr Ruhe und Gelassenheit geben. Führe dir immer wieder vor Augen, dass es sich lohnt. Stress macht nicht nur krank, sondern schwächt deine Energie und damit auch deine Ausstrahlung und Resonanz für positive Dinge.

10. Tag
Ernährung

Keine Angst, ich werde dir hier nicht vorschreiben, wie deine ideale Ernährung aussehen sollte. Ich denke nämlich, dass es so etwas wie »die ideale Ernährung« nicht gibt, da Ernährung so individuell ist wie jeder einzelne Mensch. Dennoch bin ich überzeugt, dass wir alle ein paar Dinge bei unserer Ernährung verbessern könnten.

Nahrung ist letztlich wie das Benzin in unserem Auto. Wenn wir statt Kraftstoff nur Schadstoffe in unser Auto füllen, fährt das Auto nicht sehr weit, oder es geht kaputt. Nicht anders verhält es sich mit unserem Körper, und wenn wir mal ehrlich sind, füllen die meisten Menschen ihren Bauch einfach auf gut Deutsch mit »Müll« statt mit hochwertiger Nahrung.

Bevor du jetzt weiterliest, denke bitte mal darüber nach, wie deine Ernährung aussieht. Was kannst du zu deinem Essverhalten und deiner Ernährung sagen?

ÜBUNG
Entdecke, was dir schmeckt

Nimm ein Blatt Papier und einen Stift und notiere dir, was du isst, wenn es dir so richtig gut geht, und welche Nahrungsmittel dir deinem Gefühl nach guttun. Schreibe beides auf. Dann versuche dir mal zu vergegenwärtigen, wie deine Ernährung aussieht, wenn du gestresst bist, Sorgen hast oder einfach nicht in Harmonie bist. Nimm ein neues Blatt und bringe auch das zu Papier. Und nun vergleiche bitte die Ergebnisse. Wann hast du Appetit auf viele frische Produkte, auf Gemüse, auf

Früchte und kaum bis gar keine Lust auf Süßigkeiten oder Fertigprodukte? Und wann verspürst du Heißhunger auf Fertiggerichte, Fastfood, Süßes, viel Fleisch und Ähnliches? Kannst du erkennen, was du ändern müsstest? Worauf du besser verzichten solltest, gerade wenn es dir nicht gut geht? Denke mal darüber nach, und wenn du das nächste Mal im Stress oder aus dem Gleichgewicht bist, greife lieber zu den Nahrungsmitteln, die dir guttun, nimm frische Zutaten und probiere einfach mal etwas Neues aus.

Wichtig ist: Ernährung sollte nicht dogmatisch sein. Ich gehe deswegen bewusst nicht näher darauf ein, warum ich auf bestimmte Nahrungsmittel verzichte oder was nicht ideal an ihnen ist. Schließlich will ich dir keine Angst einjagen. Wenn dich das Thema Ernährung wirklich interessiert, kannst du das Internet benutzen und es in eine Suchmaschine eingeben oder ein Buch darüber lesen. Dennoch will ich dir ein paar Tipps geben zu Nahrungsmitteln, die dir Kraft schenken und sich nur positiv auf deine Gesundheit und deinen Körper auswirken.

Also: Picke dir aus meinen Anregungen am besten das heraus, was für dich stimmig ist, das andere lasse weg.

Etwas sehr Wertvolles, was früher völlig normal war, ist das Segnen der Nahrung oder ein Tischgebet, bevor wir essen. Für viele ist das vielleicht zu religiös oder zu abgehoben, fühle dich also frei, etwas nicht zu tun, wenn es für dich nicht stimmig ist. Ich hatte ganz am Anfang auch meine Schwierigkeiten damit. Doch heute segne ich täglich mein Essen, und man kann es auch so machen, dass niemand etwas davon mitbekommt.

Allen, die gern etwas Wissenschaftliches zu diesem Thema lesen wollen, empfehle ich die Forschung und Fotos von Masaru Emoto. Er hat herausgefunden, dass, wenn man zwei Gläser

Wasser nimmt und in eines liebevolle Gedanken reinschickt und in ein anderes negative und im Anschluss daran die Wasserkristalle unter dem Mikroskop untersucht, die einen wunderschön aussehen und die anderen zerbrochen und unförmig. Schöne positive Gedanken, genauso wie Gebete oder ein Segen, geben also schöne Wasserkristalle, das hat mich persönlich sehr fasziniert. Vor allem als ich mir bewusst machte, dass unser Körper zu etwa 70–80 Prozent aus Wasser besteht. Und wenn man weiß, dass Wasser ein hervorragender Informationsspeicher ist, dann wird auch schnell klar, wie wichtig die eigenen Gedanken über uns selbst sind.

Die Wissenschaft hat außerdem herausgefunden, dass, wenn wir hochwertiges Wasser mit schönen positiven Kristallen zu uns nehmen, dies auch eine positive Wirkung auf das Wasser hat, das schon in unserem Körper ist. Die meiste Nahrung und natürlich die Getränke haben oft einen sehr hohen Wasseranteil. Wenn du diese jetzt segnest, ein Gebet sprichst oder einfach einen liebevollen Gedanken in dein Essen schickst, wird sich auch die Kristallstruktur deiner Nahrung verändern. Das kann man heutzutage sogar messen, wie Masaru Emoto es beispielsweise getan hat. Mittels einer so kleinen Übung kannst du deine ganze Körperflüssigkeit positiv beeinflussen. Dadurch werden deine Selbstheilungskräfte aktiviert und deine Ausstrahlung verändert, somit dein ganzes Energiefeld, deine Aura, und das wiederum hat natürlich auch Auswirkungen auf deine Resonanz.

Auf Zucker verzichte ich inzwischen gänzlich, egal ob als künstlicher Süßstoff oder als normaler Haushaltszucker. Die Ausnahme bildet hier der Fruchtzucker, aber auch nur wenn ich Obst esse. Sobald wir unseren Zuckerkonsum massiv reduzieren, trägt das schon enorm zu einem neuen Wohlbefinden und zur Selbstheilung bei. Das ist gerade zu Beginn sehr schwer, und es kommt fast einem Entzug gleich. Doch aus eigener Erfahrung kann ich dir versichern, dass dieser Zustand nach etwa zwei Wochen vorbei ist. Dann ist es faszinierend zu beobachten, wie viel mehr Energie man bekommt und wie sich das Leben dadurch verändert. Es ist gar nicht so leicht, Zucker wegzulassen, da er in vielen Lebensmitteln enthalten ist, in denen wir nie Zucker erwarten würden. Da lohnt es sich, mal im Internet Informationen einzuholen.

Weißmehl, also Weizen, meide ich ebenfalls nach Möglichkeit. Dabei geht es mir nicht um das Gluten, sondern wirklich um den Weizen. Ich dachte früher, ich vertrage Gluten nicht, bis ich merkte, dass ich nur auf Weizen reagiere. Ich habe mich dann über Weizen informiert, und für mich ist heute klar, dass Weizen nicht mehr auf meinen Speiseplan gehört. Ich rate gerade Männern, die etwas gegen Impotenz unternehmen wollen, auf Weizen zu verzichten. Recherchiert mal, welche Wirkung Weizen auf unseren Körper haben kann; für mich ergab es durchaus Sinn. Viele haben den Ratschlag schon ernst genommen und es ausprobiert, und bei einigen kam die Manneskraft wieder zurück. Vor allem wenn sie noch genügend Vitamin D zu sich genommen haben.

Vitamin D, wenn wir schon dabei sind, ist etwas extrem Spannendes und aus meiner Sicht eins der wichtigsten Vitamine. Nicht ohne Grund ist es das einzige Vitamin, das vom Körper selbst hergestellt wird, und zwar durch das Sonnenlicht. Auch wenn man es nicht als klassisches Nahrungsmittel bezeichnen kann, ist Vitamin D für mich die Grundlage einer gesunden Ernährung. Unser Körper produziert in einer Stunde ca. 20 000 I.E. Vitamin D (empfohlen werden 400 I.E. pro Tag), vorausgesetzt, dass wir der Sonne möglichst viel freie Hautflächen aussetzen, was in unseren Breitengraden schwierig ist. Daher empfehle ich jedem dringend, Vitamin D3 als

Nahrungsergänzungsmittel einzunehmen, um das System aufrechtzuerhalten.

Was ich außerdem sehr empfehlen kann und ein tolles Nahrungsmittel ist, das unglaublich viel Kraft und Energie gibt, ist Kokosnussöl. Dabei sollte man aber auf gute Qualität achten. Nativ kaltgepresst und bio. Kokosnussöl hat sehr viele Vorteile und ist nicht nur ein tolles Produkt zum Einnehmen, sondern auch noch für die Haut hervorragend geeignet.

Was ich dagegen gar nicht esse, ist Schweinefleisch, in keiner Form, da es die Fleischsorte ist, die unseren Körper am meisten belastet. Nicht ohne Grund ist es auch in vielen Religionen verboten. Wenn du es aber gern isst, versuche deinen Konsum auf ein Minimum zu reduzieren. Fleisch ist ohnehin ein Thema für sich, nicht umsonst ist vegane Ernährung gerade in den letzten Jahren voll im Trend. Schon allein vom ethischen Standpunkt aus betrachtet ist Fleisch als Nahrungsmittel nicht so ideal, darüber müssen wir nicht diskutieren. Und was die Tierhaltung anbelangt, muss ich leider sagen, dass sie in vielen Fällen immer noch eine Katastrophe ist.

Allerdings, und das dürfen wir nicht vergessen, ist Vitamin B12 in Fleisch als einzigem Nahrungsmittel enthalten. Vitamin B12 ist ein sehr wichtiges Vitamin für unsere Gesundheit und unseren Körper. Es gibt auch einige Pflanzen, die Vitamin B12 enthalten, und gerade in Vegetarier- und Veganerkreisen sind solche Pflanzen/Algen wie zum Beispiel Spirulina und Chlorella als Nahrungsergänzung beliebt. Doch leider gibt es viele Studien, die zeigen, dass dieses B12 nicht bioverfügbar ist, also von unserem Körper nicht aufgenommen wird, und dass wir B12 nur aus tierischen Produkten in der bioverfügbaren Form aufnehmen können. Deswegen sollte man als Veganer oder Vegetarier regelmäßig seinen B12-Wert prüfen lassen und, falls nötig, sich vom Arzt B12 spritzen lassen. B12-Mangel wird oft lange Zeit nicht bemerkt; wenn du wenig Fleisch isst und vielleicht Symptome hast, für die es keine Ursache gibt, lasse mal deinen B12-Wert beim Arzt überprüfen, und wenn du schon mal dort bist, auch deinen Vitamin-D-Spiegel.

Zurück zum Fleisch: Ich persönlich finde, jeder sollte selbst entscheiden, ob er Fleisch isst oder nicht, ich möchte darüber nicht urteilen. Auch ich esse ab und an mal Rindfleisch oder Fisch. Allerdings sollte man unbedingt darauf achten, dass es nicht aus Massentierhaltung stammt, und vielleicht hast du sogar die Möglichkeit, es direkt beim Bauern zu beziehen, wo du mit eigenen Augen sehen kannst, wie die Tiere dort gehalten werden. Und bedenke: Früher hat man nur extrem wenig Fleisch gegessen. Wenn du gern Fleisch isst, reduziere es mal, so auf einmal die Woche. Du würdest dir und natürlich den Tieren einen enormen Gefallen erweisen.

Mir ist bewusst, dass gerade das Thema Fleisch viele Gemüter erhitzt und große Diskussionen auslösen kann. Deswegen habe ich ganz am Anfang des Kapitels darauf hingewiesen, dass ich hier nur Anregungen anbiete, es gibt kein Richtig und Falsch, jeder Mensch muss für sich selbst entscheiden. Für mich persönlich besteht die ideale Ernährung aus so viel frischen Produkten wie möglich. Wenn es mir richtig gut geht, dann habe ich Lust auf Gemüse, Früchte und Nüsse. Ich bezeichne diese als lebendige Nahrung. Ich achte auch sehr darauf, dass ich nur heimisches oder regionales Gemüse und Obst esse, und meide exotische Früchte aus fernen Ländern, allein schon wegen der langen Transportwege. Oft werden die Früchte zu einem so frühen Zeitpunkt geerntet, dass viele wichtige Vitamine nicht mehr vorhanden sind.

Falls du die Möglichkeit hast und einen Garten besitzt, ist es genial, selbst anzupflanzen. In etwas abgespeckter Form geht das natürlich auch auf dem Balkon, beispielsweise mit Kräutern oder Tomaten. Ich persönlich finde ja, dass Salat oder Kräuter aus dem eigenen Garten auch viel besser schmecken als aus dem Supermarkt. Wenn du auf dem Dorf wohnst, gibt es viele Nachbarn, die ebenfalls selbst anpflanzen. Da ist es eine tolle Idee, sich mit den anderen abzusprechen, dann würde jeder ein bisschen abwechslungsreicher pflanzen und nicht alle Salat, und man könnte die Produkte untereinander tauschen.

Zum Schluss noch eine letzte Anregung: Ich empfehle dir, viel zu trinken, und zwar bevorzugt Wasser und keine gesüßten Getränke. Ich persönlich trinke neben viel Wasser natürlich auch mal ein Glas Wein oder Bier (gibt es auch ohne Weizen). Wie gesagt, versklave dich aber nicht mit der Ernährung. Du kannst auch bewusst mal einen Tag in der Woche einlegen, an dem du *alles* essen darfst. Essen sollte wirklich ein Genuss sein und keine Strafe.

Zusammenfassend halte ich es für sinnvoll, so viele frische regionale Produkte wie nur möglich zu essen. Je natürlicher, desto besser. Zugegeben, am Anfang war die Umstellung auf eine natürliche Ernährung nicht leicht, doch je weniger Zucker ich zum Beispiel konsumiert habe, umso mehr Geschmack bekamen plötzlich natürliche Nahrungsmittel für mich. Mein Geschmacksempfinden hat sich dadurch auch grundlegend verändert. Das ist im Grunde nichts Neues, und das meiste, was ich hier über Ernährung geschrieben habe, wirst du sicher schon vorher gewusst haben. Doch wir sollten es eben nicht nur wissen, sondern dieses Wissen auch umsetzen.

Denke daran: Je hochwertiger deine Ernährung ist, umso kraftvoller ist auch der Treibstoff für deinen Körper und umso mehr Energie hast du zur Verfügung.

Wie schätzt du dich selbst ein im Hinblick auf:

Bewegung in deinem Leben?

_____
_____
_____
_____
_____

deine Körperwahrnehmung?

_____
_____
_____
_____
_____

deine Körperpflege?

_____
_____
_____
_____
_____

deinen Umgang mit Stress?

deine Ernährung?

Entrümpeln

Ich gehe fest davon aus, dass du die letzten Tage schon einige positive Erfahrungen gemacht hast und dass sich einiges in deinem Leben verändert hat. Damit deine *Enjoy this Life*®-Persönlichkeit sich noch schneller verankern kann und es auch mehr Platz für neue Energien in deinem Leben gibt, wäre es nun sinnvoll, als Erstes wirklich alte Dinge loszulassen und Platz zu schaffen, und zwar für neue Dinge und neue Energien. Zu oft halten wir an der Vergangenheit fest – wir würden gern etwas ändern und ein leichteres und glücklicheres Leben führen, allerdings sind wir nicht bereit, die alten Strukturen, Muster und Dinge loszulassen. Wenn du aber »besetzt« bleibst von deinem alten Leben, dann wirst du früher oder später wieder in deinem alten Leben sitzen.

11. Tag
Entrümple dein Leben

Bist du bereit dazu, dein Leben zu verändern? Dann sei dir darüber im Klaren, dass du die Vergangenheit wirklich hinter dir lassen solltest. Zugegeben, das ist am Anfang nicht leicht, weil wir bewusst und unbewusst so sehr an unserer alten Struktur festhalten. Wenn du aber schon damit begonnen hast, deine neue *Enjoy this Life*®-Persönlichkeit auch zu leben, wird dir sicher aufgefallen sein, dass der eine oder andere aus deinem Umfeld sich distanziert hat. Teils liegt es daran, dass diese Personen dich nicht mehr verstehen können, teils weil sie andere Ansichten haben. Sollte das der Fall sein, dann sei froh und dankbar, denn es beweist dir nur, dass sich bei dir wirklich etwas verändert und du auf dem richtigen Weg bist, deine wahre Bestimmung zu leben.

Wenn sich Menschen von dir abwenden, weil du nicht mehr der Alte bist und sie mit deinem neuen Ich nichts anzufangen wissen, dann ist es an der Zeit, sie ziehen zu lassen. Wichtig ist, dass du zu der Person wirst, die du immer sein wolltest. Das heißt aber nicht, dass du dich von Leuten trennen solltest, mit denen es vielleicht gerade kleinere Probleme gibt, sondern nur von denjenigen, mit denen das Zwischenmenschliche schon länger nicht mehr stimmig ist und die dich in deiner Weiterentwicklung behindern. Du musst den Kontakt nicht gänzlich abbrechen lassen, gerade innerhalb der eigenen Familie ist das oft gar nicht oder kaum möglich. Aber lasse dich in Zukunft nur noch auf diese Personen ein, wenn du wirklich Lust dazu hast und in deiner *Enjoy this Life*®-Persönlichkeit bist. Und nur wenn keine negativen Empfindungen bei dir hochkommen, sobald du die Person siehst, und sie dich nicht aus dem Gleichgewicht bringen kann. Dagegen ist es sicher von Vorteil, sich ein für alle Mal von Menschen zu verabschieden, mit denen die gemeinsame Zeit eindeutig vorüber ist. Wie kannst du nun für dich herausfinden, mit wem du weiterhin engen Kontakt haben möchtest und wen du lieber ziehen lassen möchtest?

Zu dem Thema möchte ich dir eine Übung vorstellen, bei der du für dich kurz dein Umfeld einordnest, wo jeder hingehört.

ÜBUNG
Klare und positive Verhältnisse schaffen

Schreibe die Namen aller Menschen auf, die du regelmäßig triffst. Dann teile ein Blatt Papier in drei Spalten auf.

In die linke Spalte schreibst du alle Personen hinein, bei denen du sofort ein gutes Gefühl hast, sobald du nur an sie denkst. In die mittlere Spalte trägst du diejenigen ein, bei denen du nicht sicher bist, in welchen Personenkreis sie für dich gehören. Vielleicht habt ihr immer wieder Konflikte, möglicherweise ist auch etwas vorgefallen, das du noch nicht richtig einordnen kannst. In die rechte Spalte schreibst du die Namen der Personen, bei denen du spürst, dass die Beziehung für dich nicht mehr stimmig ist.

Die linke Spalte steht für die Menschen, bei denen du keine Sekunde daran zweifelst, ob sie noch in dein Leben gehören. Damit sind sie weiterhin auch Teil deines neuen Lebens.

In der mittleren Spalte sind die Menschen, die du noch nicht klar zuordnen kannst, oder eben die oben erwähnten Ausnahmen, die du vielleicht einfach ab und an treffen »musst«, weil sie Familienmitglieder sind (im Prinzip müssen wir natürlich mit niemandem Kontakt haben, auch das ist unsere eigene Entscheidung).

Mir ist selbstverständlich bewusst, dass man manchmal keine klare Einteilung in linke oder rechte Spalte vornehmen kann. Schließlich handelt es sich ja um Menschen – Freunde, Exfreunde, Familie oder Bekannte –, nicht um Gegenstände. Dann ordne diese »Zweifelsfälle« einfach in die mittlere Spalte ein.

In der rechten Spalte stehen die Menschen, die du eindeutig nicht mehr in deinem Leben haben möchtest. Ich persönlich finde allerdings, dass du sie nicht im Unklaren über deinen Entschluss lassen darfst, indem du zum Beispiel ihre Anrufe plötzlich nicht mehr annimmst. In diesem Fall ist es angebracht, sich auf liebevolle Weise von diesen Personen zu verabschieden und es ihnen auch klar und deutlich mitzuteilen, dass du sie nicht länger in deinem Leben haben möchtest. Und das Ganze bitte höflich und respektvoll und ohne Vorwürfe und Anklagen oder Rechtfertigungen. Das ist für mich wahre Größe, und *Enjoy this Life®*. Außerdem schafft es Klarheit auf beiden Seiten und gibt diesen Menschen die Chance, sich zu verändern und ebenfalls loszulassen.

Es ist elementar, diese Übung nicht nur in Gedanken zu machen, sondern tatsächlich zu Papier zu bringen. Denn vielen wird die Situation durch das Aufschreiben erst wirklich bewusst. Für manche ist es ein Schock, dass die linke Spalte fast leer ist, andere haben rechts niemanden stehen. Egal, wie dein Blatt Papier aussieht, es spielt keine Rolle, es sagt nichts über dich als Mensch aus. Doch wenn du diese Übung etwa alle sechs Monate wiederholst, sollte die linke Spalte immer mehr

Namen beinhalten, dann weißt du, dass deine *Enjoy this Life*®-Persönlichkeit funktioniert.

Ich mache diese Übung für mich mindestens alle sechs Monate. Sie hilft mir sehr, mit den Menschen in der mittleren Spalte umzugehen. Ich mache mir ganz bewusst zu jedem Einzelnen Gedanken, und zwar in der *Enjoy this Life*®-Persönlichkeit. Manchmal kann ich sie dann plötzlich doch einer Spalte zuordnen, und manchmal nicht. Dann ist das völlig in Ordnung, aber für mich ist auch klar, dass ich bei zukünftigen Begegnungen mit ihnen darauf achte, vollkommen bei mir zu sein und mich von diesen Personen nicht aus dem Gleichgewicht bringen zu lassen. Denn allein dass sie nicht in der linken Spalte stehen, zeigt mir ja, dass sie nicht wirklich wichtig für mich und meine *Enjoy this Life*®-Persönlichkeit sind und ich ihnen deswegen auch nicht die »Macht« gebe, mich von meinem glücklichen und zufriedenen Leben abbringen zu lassen.

12. Tag
Entrümple deine Wohnung

So, lieber Leser, nun kommt ein bisschen Arbeit auf dich zu, und zwar im körperlichen Sinn. Doch keine Angst, diese Übung ist wirklich leicht und setzt noch dazu eine unglaubliche neue Energie frei. Sie wird dir enorm dabei helfen, dein Leben zu verändern und als *Enjoy this Life*®-Persönlichkeit zu leben. Bist du bereit?

Bedenke immer, dass deine Wohnsituation deine Energie repräsentiert. Du bist ein Energiefeld, du hast eine Aura, und wenn deine Wohnung mit (alten) Dingen vollgepfropft ist, die du womöglich nicht mehr brauchst, kann sich deine Aura nicht richtig ausdehnen. Das bedeutet wiederum weniger Energie und wirkt sich folglich sowohl auf deine Resonanz als auch dein körperliches Wohlbefinden aus.

Erinnere dich nur mal zurück, als du das letzte Mal so richtig aufgeräumt und geputzt hast: Weißt du noch, wie du dich danach gefühlt hast? War es nicht befreiend, und hast du dich nicht viel wohler gefühlt? Das Entrümpeln ist zwar ein bisschen Aufwand, aber es wird sich lohnen, versprochen! Falls du nicht allein lebst, wäre es natürlich klasse, wenn deine ganze Familie mit anpackt.

Bevor wir beginnen, machen wir jedoch eine kleine Übung. Vielleicht lässt du dir dabei von einem wirklich guten Freund helfen, der sehr ehrlich ist. Denn man selbst ist leider oft betriebsblind.

ÜBUNG
Heilsame Ordnung schaffen

Schnappe dir einen Freund zur Unterstützung, oder wenn du niemanden hast, dann mache es ganz allein, doch ideal wäre wirklich jemand von außen, der sich nicht täglich in deinen Wohnräumen aufhält, da wir uns an die Energie unserer Wohnsituation gewöhnen. Mache dir vielleicht bei dieser Übung auch ein paar Notizen, oder dein Freund übernimmt das für dich. Sei bitte gnadenlos ehrlich zu dir selbst und verstricke dich auch nicht in Ausreden.

Verlasse nun dein Zuhause und atme draußen ein paarmal tief durch, komme einfach zur Ruhe, dann öffne ganz bewusst deine Eingangstür und betritt deine Wohnung. Falls du ein Haus hast, beginne diese Übung vor deinem Grundstück. Achte mal darauf, wie Menschen, die zu dir nach Hause kommen, begrüßt werden. Was erblicken sie als Erstes, wie fühlt sich die Energie an, wirkt der Eingangsbereich einladend, oder steht viel herum und die Energie kann nicht ungehindert zum Haus fließen? Bei vielen Menschen ist gerade der Eingangsbereich vollgestellt mit Schuhen und Dingen, über die man stolpert. Gehe mal aufmerksam durch deine Wohnung, beginne beim Keller, falls du einen besitzt. Der Keller repräsentiert für mich unsere Wurzeln, unsere Vergangenheit. Bei vielen Menschen ist der Keller wirklich übervoll, vor allem mit alten, nutzlosen Dingen. Achte auch darauf, wie und wo bei dir Bilder hängen, was zeigen sie? Wie fühlst du dich dabei, wenn du zum Beispiel die Menschen auf Fotos betrachtest, die du aufgestellt hast oder die an der Wand hängen? Sind es alles Freunde und Menschen, mit denen du dich noch wohlfühlst, die du zuvor in der linken Spalte eingeordnet hast?

Setze nun deinen Rundgang durch dein Zuhause mit derselben Aufmerksamkeit fort. Achte auch darauf, ob es sauber und aufgeräumt ist. Welchen Eindruck macht deine Küche? Wie sehen die Lebensmittel dort aus? Frisch? Schön eingeräumt? Hier sind vor allem Vorratskammern interessant. Die Küche finde ich enorm spannend, denn dort werden Mahlzeiten zubereitet, und man sieht einer Küche auch oft an, wie wichtig dem Bewohner die Ernährung ist. Denke daran: Essen spendet Energie, sowohl physisch als auch energetisch. Erinnerst du dich noch? Wasser ist einer der wichtigsten Informationsspeicher, und Nahrung enthält sehr viel Wasser. Wir nehmen es in uns auf, und es geht in unser Körper- und Zellwasser. In der Küche kann man schnell sehen, mit welcher Energie deine Nahrungsmittel aufgeladen werden. Es geht mir dabei nicht um peinliche Sauberkeit, sondern um eine Grundenergie, die vorherrscht. Denn wenn es uns gut geht, ist auch die Wohnung oft viel sauberer und aufgeräumter.

Inspiziere wirklich deine ganze Wohnung, auch das Badezimmer, die Gästetoilette – fühlen sich auch dort Gäste wohl? Dann das Schlafzimmer – ist es ein Schlafzimmer oder Bügelzimmer, Fernsehzimmer, Büro, oder was steht alles drin?

Mir ist bewusst, dass es viele Menschen gibt, die auf kleinstem Raum wohnen und deswegen oft das Schlafzimmer nicht nur als solches nutzen können. Doch im Grunde haben elektronische Geräte dort nichts verloren. Fernsehen im Bett ist ganz ungut, denn was du zuletzt gesehen hast, nimmst du mit in den Schlaf, und diese Gedanken, Bilder und Informationen wirken dort auch im Unterbewusstsein. Bedenke, wenn du einschläfst und ein Kriegsfilm läuft, ist die Geräuschkulisse für dein Unterbewusstsein »real«. Häufig ist dies auch der Grund, warum Kinder nicht schlafen können, weil wir als Eltern, sobald die Kleinen im Bett sind, Filme ansehen, die für Kinder ungeeignet sind. Aber oft steht die Kinderzimmertür einen Spaltbreit offen, und dein Sprössling hört unbewusst mit. Das gilt auch, wenn du mit deinem Partner nebenan diskutierst oder streitest.

Zum Abschluss des theoretischen Teils der Übung begeben wir uns auf deinen Dachboden. Er steht für mich auch stellvertretend für unseren Kopfbereich, unseren Gedankenbereich. Ganz oft ist dieser wie der Keller hoffnungslos überladen. Mit Blick auf deine Notizen möchte ich jetzt keine Ausreden hören wie: »Die Wohnung ist halt klein« oder »Mir fehlt das Geld!«. Das kann sein, und doch ist das nur eine Ausrede.

Kommen wir nun zum praktischen Teil der Übung:

Wir optimieren nun die Energie deiner Wohnung. Fange an, wirklich Platz für neue Energien zu schaffen, und miste alles aus, was du nicht mehr brauchst. Beginne bei deinem Keller. Ich empfehle dir, im Zweifel einen kleinen Container für den Sperrmüll zu mieten, da oft sehr viel zusammenkommt. Natürlich sollst du nicht alles wegschmeißen, was noch zu gebrauchen ist – verschenke es, verkaufe es übers Internet oder im Secondhandladen oder spende es. Doch löse dich von allem, was du nicht mehr brauchst. Gehe wirklich Raum für Raum deine ganze Wohnung/dein Haus durch. Du kannst auch hier mit der Liste und den drei Spalten arbeiten: Dinge, die du definitiv behalten möchtest, Dinge, bei denen du unsicher bist, und Dinge, die du ganz klar nicht mehr brauchst. Was du mit der ersten und letzten Spalte machst, ist ganz einfach: Dinge, die bleiben sollen, werden gleich wieder ordentlich verräumt, was aussortiert wurde, kommt in Umzugskartons oder Ähnliches. Die Dinge aus der mittleren Spalte lasse ich häufig noch auf der Seite im Raum liegen und mache mit dem nächsten

Zimmer weiter. Ganz am Ende gehe ich nochmals zu diesen Gegenständen und ordne sie klar einer Spalte zu.

So verfährst du mit deiner kompletten Wohnung. Den Kleiderschrank nicht vergessen! Es ist unglaublich, was sich hier oft alles ansammelt, und das nicht selten in der Hoffnung, dass es eines Tages wieder passt. Hoffnung ist gut und positives Denken sicher richtig, doch nicht in jede Hose passen wir irgendwann wieder rein. Liegt sie schon länger als 18 Monate ungetragen im Schrank, dann werde sie los.

Wenn du diese Übung gemacht und alles aufgeräumt hast, nehmen wir jetzt noch eine energetische Reinigung vor. Aus meiner Sicht bringt die nur dann etwas, wenn wir zuerst physisch entsorgt, aufgeräumt und geputzt haben, vorher nicht. Was verstehe ich unter energetischer Reinigung? Dazu gibt es viele Methoden, suche dir einfach eine, die für dich stimmig ist. Wenn du zum Beispiel Räucherstäbchen magst oder gern Räucherharze wie Weihrauch anzündest, dann kannst du dies benutzen. Wichtig ist dabei, keine künstlichen Räucherstäbchen zu nehmen. Räucherwerk bekommst du im Fachhandel, und dort erklärt man dir auch ganz genau, wie man es verwendet. Falls dir das Spaß macht, dann gehe einfach Raum für Raum durch und räuchere jedes einzelne Zimmer aus. Achte darauf, dass du dies sehr bewusst und konzentriert machst. Deine Gedanken verändern nämlich hauptsächlich die Energie. Vergiss aber nicht, anschließend gut zu lüften. Überhaupt ist regelmäßiges Lüften wichtig, es bringt Bewegung in die Energie der Wohnung.

Bist du kein Freund von Räucherwerk, dann kannst du auch nach dem Aufräumen nur intensiv lüften und harmonische Musik anstellen. Musik ist Schwingung, und ich persönlich lasse etwa einmal im Monat für 24 Stunden Musik laufen, um die Energie zu verändern. Denke aber an deine Nachbarn. Ich öffne nach dem Lüften einfach in der ganzen Wohnung die Türen, und wenn ich weggehe, lasse ich in einer angenehmen Lautstärke die Musik an. Wenn du heimkommst, spürst du den Unterschied.

Du kannst natürlich auch ein Gebets-, Engel- oder Geistführerritual für die Reinigung durchführen, wenn dies deinem Glauben oder deinem Wunsch entspricht. Aus meiner Sicht ist es nicht so wichtig, was du tust, sondern dass du es regelmäßig und so machst, wie es für dich stimmig ist, dann ist es auch wirkungsvoll. Du wirst feststellen, dass diese Übung auf allen Ebenen eine enorme Wirkung hat. Es gibt nichts Schöneres, als in einer Wohnung zu leben, bei der diese Übung vorher durchgeführt wurde.

Ich empfehle dir, diese Übung mindestens zweimal im Jahr zu machen. Natürlich solltest du auch darauf achten, dass sich in der Zwischenzeit nicht allzu viele unnötige Gegenstände ansammeln. Außerdem lernst du bei der Übung das Loslassen und spürst auch, dass du aktiv etwas für dein Wohlbefinden tun kannst. Du bist wirklich Schöpfer deiner Umstände.

13. Tag
Loslassen

Als Erstes möchte ich dich an dieser Stelle auffordern: Bitte traue dich loszulassen! Wenn du dein altes Leben in die Zukunft mitnehmen willst, dann kannst du nicht Schöpfer deines Lebens werden. Ich spreche natürlich von den Energien oder Menschen, die dich daran hindern, voll und ganz dein Leben zu leben, und nicht von all den liebevollen Menschen und Situationen, die dir helfen und dich unterstützen. Doch ich verspreche dir eins, aus Erfahrung (meiner eigenen und der von unzähligen Teilnehmern, die das *Enjoy this Life*®-Prinzip schon angewendet haben, sei es durch mein erstes Buch, Hörbuch oder gar durch den Onlinekurs) weiß ich: Jeder, der losgelassen hat, ging vielleicht kurz durch ein »Tal der Trauer«, doch was danach kam, war einfach viel, viel besser, sodass jeder im Nachhinein nur dankbar ist.

Ich fordere dich auf, mutig zu sein, kleine Schritte zu machen. Nimm dir lieber 60 oder gar 90 Tage Zeit, um alle Übungen zu absolvieren, doch mache jeden Tag einen kleinen Schritt nach vorne oder wiederhole ein paar Tage die Übungen der letzten Tage, wenn du für den Moment von einer neuen überfordert bist. Aber gib auf gar keinen Fall auf, denn es ist anfangs leicht, wieder in seine alten Muster, Ausreden und in sein Opferbewusstsein zurückzugehen, ja, es ist wirklich viel leichter. Führe dir vor Augen, dass deine wahre Natur Schöpferbewusstsein ist, und jeder kann glücklich und erfüllt leben. Du musst nur ein bisschen was ändern in deinem Leben und aktiv die Übungen machen. Du solltest nicht nur jammern, träumen oder darüber nachdenken. Aktiv werden ist der Schlüssel von *Enjoy this Life®*, also habe Mut loszulassen. Es wird sich lohnen.

Manchmal ist es noch nicht möglich, sich physisch von einer Person zu verabschieden, weil der Mut fehlt oder man denkt: »Das kann man doch nicht machen! Es ist doch meine XY!« Dann kann es helfen, sich wenigstens in der Vorstellung zu verabschieden. Allein dass du dir wirklich bewusst machst, dass diese Person im Grunde nicht mehr in dein aktives neues *Enjoy this Life®*-Leben gehört, kann dir bereits helfen, eine gesunde Distanz zu der Person zu bekommen, damit sie dich in Zukunft viel weniger beeinflusst. Viele Menschen, die diese einfache Übung durchgeführt haben, schrieben mir: »Pascal, die Person ist zwar immer noch genau gleich, aber ihre Taten, Worte, ihre Art berühren mich emotional nicht mehr!« Das allein wird dir schon enorm helfen.

Du kannst diese Übung auch dann machen, wenn die betreffende Person schon gestorben ist und es im Leben nicht mehr möglich war, dich von ihr zu verabschieden. Das Gleiche gilt, falls du etwas für dich noch nicht klären konntest. Lasse uns also mit der Übung beginnen. Dafür benötigst du etwa 10 Minuten Ruhe.

ÜBUNG
Verabschiede dich in deiner Vorstellung

Bevor du anfängst, sammle dich kurz und überlege dir, mit wem du die Übung machen möchtest: ob du dich von einer lebenden oder einer bereits verstorbenen Person gedanklich verabschieden möchtest.

Sobald du eine Wahl getroffen hast, setze dich bequem hin und schließe deine Augen. Beobachte dann einen Moment lang deinen Atem. Nimm wahr, wie du einatmest und ausatmest. Fühle, wie deine Nasenflügel beim Einatmen kühl sind und beim Ausatmen wärmer. Halte deine Aufmerksamkeit einfach einen Moment lang auf deinem Atem und komme dadurch zur Ruhe und entspanne deinen Körper. Nimm dir dafür so ca. 3–5 Minuten Zeit. (Pause)

Stelle dir jetzt vor, du bist auf einer schönen Waldlichtung. Fühle die wärmende Sonne auf deiner Haut und höre die Vögel, wie sie zwitschern. Genieße die Ruhe und die Kraft der Bäume. Setze dich irgendwo hin, wo es für dich gemütlich ist, und genieße einfach die wunderbare Energie. Nimm dir dafür 2–3 Minuten Zeit.

Dann richte eine Bitte an die (verstorbene oder lebende) Person, zu der du Kontakt aufnehmen möchtest. Bitte sie, zu dir auf die Waldlichtung zu kommen. Nimm ihre Energie wahr, wie sie neben dir in der Waldlichtung ist. Vielleicht kannst du sie sehen oder fühlen, vielleicht auch nicht. Mache dir einfach bewusst, dass die Person jetzt voll und ganz auf der energetischen Ebene da ist. Teile ihr in Gedanken all das mit, was du ihr schon immer sagen wolltest. Achte aber darauf, dass deine Worte dabei nicht vorwurfsvoll sind. Nimm dir dafür so lange Zeit, wie es für dich richtig ist. Wenn du merkst, dass du alles gesagt hast, was dir wichtig war, erspüre einen Moment lang, wie sich die Haltung und die Energie zwischen dir und der betreffenden Person verändert hat. Fühle die Leichtigkeit und Veränderung. Mache dir auch bewusst, dass du bei der Übung keine Antwort oder irgendein anderes Zeichen empfangen musst – die Person hat dir einfach nur zugehört. Verabschiede dich jetzt und mache dir bewusst, dass die Person dir auf einer bewussten oder unbewussten Ebene verzeiht und sich ebenfalls verabschiedet. Bitte die geistige Welt, sie möge die energetischen Bande zwischen euch in Frieden, Liebe und

Harmonie jetzt und sofort auflösen – zum Besten für alle Beteiligten. Fühle die absolute Freiheit, und dann geht in Frieden auseinander. Komme anschließend in deinem Tempo wieder hierher zurück. Öffne deine Augen, wenn es richtig und gut für dich ist.

Diese Übung ist extrem effektiv, auch wenn es für den rationalen Verstand sehr schwer nachzuvollziehen ist, wie sie genau funktioniert. Doch probiere sie einfach aus, falls du in einer Situation bist, wo du dich aus was für Gründen auch immer nicht physisch verabschieden kannst. Du wirst sehen, etwas wird sich enorm verändern.

14. Tag
Verlasse deine Komfortzone

Wir entwickeln in unserem Leben Routinen. Das ist grundsätzlich nicht schlecht, denn es hilft uns, Dinge nebenbei erledigen zu können. Wenn man sich jedoch nicht bewusst macht, worin unsere Routinen bestehen, und quasi das ganze Leben nur en passant lebt, kann es sein, dass man plötzlich stecken bleibt und das Gefühl hat, im Leben nicht voranzukommen. Teilweise registrieren wir nicht einmal mehr, was bereits alles ganz automatisch abläuft.

Wir können das Ausbrechen aus diesen Routinen üben und so unsere Automatismen regelmäßig hinterfragen und prüfen, ob wir diese überhaupt noch in unserem Leben haben wollen. Wir können aktiv nach Dingen in unserem Leben suchen, die wir schon immer auf eine ganz bestimmte Art erledigt haben, und dann machen wir es einfach mal anders. Je öfter du auf diese Weise experimentierst, desto mehr gewöhnst du dich daran, neue Dinge zu erschaffen. Du wirst so viel mehr Möglichkeiten haben auszuwählen, was du alles in deinem Leben haben willst. Lasse uns zu diesem Thema folgende Übung machen.

ÜBUNG
Komfortzone verlassen

Beobachte einen Tag lang, besser noch eine Woche, wie deine tägliche Routine aussieht. Welche Abläufe wiederholen sich, wo wiederholt sich auch dein Denken, Handeln und so weiter. Diese Übung hört sich leicht an, doch seinen Alltag möglichst normal zu gestalten und sich dennoch bewusst zu werden, wo man in Muster und Routinen verfällt, ist gar nicht so leicht. Ich empfehle dir auch, die Bereiche schriftlich zu fixieren, in denen du dich besonders beobachten möchtest. Wenn du dir deine Routinen klargemacht hast, verlasse jetzt ganz bewusst deine Komfortzone und handle einfach mal anders. Dadurch ziehst du neue Dinge in dein Leben und wirst auch viele neue Situationen schaffen. Doch für deine neue Persönlichkeit brauchst du ja genau das. Ich verspreche dir eins: Dein Leben wird aufregender.

Jetzt folgen ein paar Tipps, wie du deine Komfortzone zum Beispiel erweitern könntest. Nimm diese als Anregung und suche Dinge, die wirklich zu dir und deinem neuen *Enjoy this Life®*-Leben passen.

TIPPS
für neue Impulse in deinem Leben

1. Nimm heute mal einen anderen Arbeits-, Schul-, Einkaufsweg. Natürlich kannst du bei allen Wegen, die du regelmäßig gehst oder fährst, eine andere Route wählen.

2. Falls du oft mit dem Auto unterwegs bist, benutze die öffentlichen Verkehrsmittel, gehe zu Fuß oder steige um aufs Fahrrad.

3. Wähle beim Einkaufen mindestens ein Lebensmittel aus, das du noch nicht kennst, und koche am besten einmal die Woche mindestens ein Gericht, das du noch nicht gekocht hast. Gerade wenn du das Kapitel über Ernährung in deinem Alltag umsetzt, kannst du es

auch nutzen, um aus deiner Komfortzone zu kommen, indem du mehr Früchte und Gemüse, die du selten oder noch nie gegessen hast, in deinen Alltag zu integrieren versuchst.

4. Bestelle dir im Restaurant neue Gerichte und iss nicht immer das, was du schon kennst. Das gilt besonders im Urlaub, probiere die landesspezifischen Getränke und Lebensmittel aus. Je nach Land, das gebe ich gern zu, ist dafür manchmal eine Portion Mut nötig.

5. Probiere mindestens einmal die Woche eine neue Frisur aus (ja, bitte auch die Männer) und schminke dich mal anders.

6. Probiere einen neuen Kleidungsstil aus. Gehe mal in einen Secondhandladen und kleide dich neu ein. Wenn du die finanziellen Mittel hast, suche dir einen Stylingberater und lasse dich auf seine Vorschläge ein. Gerade wenn du denkst: »Das ziehe ich nie im Leben an!«, überwinde dich und tue es ganz bewusst, um deine Komfortzone zu verlassen. Womöglich macht es dir sogar Spaß.

7. Sprich jeden Tag mindestens einen dir völlig unbekannten Menschen an. Auch wenn es nur ein kurzer Smalltalk ist, hilft es dir, ein neues Umfeld zu erschaffen, neue Menschen kennenzulernen und auch dein Selbstbewusstsein zu trainieren. Für einige ist das bestimmt nicht leicht, doch gerade dann solltest du es machen. Es bieten sich viele Gelegenheiten beim Einkaufen. Sei kreativ.

8. Setze dich zu Hause auf dem Sofa oder am Esstisch immer mal wieder auf einen anderen Platz.

Dies waren nur ein paar Anregungen, doch ich bin mir sicher, dass dir noch vieles mehr einfällt. Versuche mal jeden Tag etwas zu machen, was deine Routine durchbricht, da gibt es so viele Möglichkeiten. Jedes Mal, wenn du genau weißt, was und wie deine Routine ist, weißt du eigentlich auch, wie du ausbrechen könntest. Lasse dich nicht aufhalten! Die Übung scheint leicht, und oft erkennt man vielleicht am Anfang nicht ganz den Sinn darin, aber du wirst feststellen, wenn du es ständig machst, dann wird sich dein Leben komplett verändern können, und deine neue *Enjoy this Life*®-Persönlichkeit kann sich viel schneller und leichter entwickeln.

Achtung: Wenn du deine Routine und Komfortzone verlässt, hat das auch Auswirkungen auf andere. Dein Umfeld wird manchmal Mühe damit haben und sich auch erst daran gewöhnen müssen.

15. Tag
Nimm eine neue Perspektive ein

In der zweiten Woche dieses 30 Tage dauernden Kurses hast du dich intensiv damit auseinandergesetzt, frischen Wind in dein Leben zu lassen, indem du in deinem Umfeld entrümpelt hast. Du hast dich von bestimmten Menschen, die dir nicht guttun, aber sicher auch einer Menge überflüssiger Gegenstände getrennt. Du bist aktiv geworden und hast dein Leben wieder selbst in die Hand genommen. Damit hast du dich von energieraubendem Alten losgelöst und eine völlig neue positive Energie gewonnen. Wie gelingt es dir nun, diese positive Grundstimmung zu behalten und als Teil deiner *Enjoy this Life®*-Persönlichkeit fester zu verankern?

Im Grunde musst du gar nicht viel dafür tun, nur noch in einem weiteren Bereich deines Lebens Altes loslassen und möglichst alle negativen Einflüsse von außen auch im Außen belassen, sprich nicht an dich heranlassen. Das ist auch schon die ganze Übung.

Ich habe bereits sehr früh für mich herausgefunden, dass mir Nachrichten im Fernsehen, Radio oder in der Zeitung nicht guttun. Wenn ich diese konsumiere, merke ich häufig, dass ich dann alles eher negativ sehe. Also schaue ich mir nur noch aufbauende Filme, lehrreiche Dokumentationen, die mich weiterbringen, oder gute Unterhaltung an. Ich lese auch keine Zeitung mehr, außer mal ein ausgewähltes Magazin mit sinnvollem Inhalt.

Ich empfehle dir dringend, es wirklich mal selbst auszuprobieren, und mindestens drei Monate weder fernzusehen noch

Mainstreampresse zu konsumieren. Du wirst merken, dass es dir viel leichter fällt, positiv gestimmt zu bleiben, wenn dich die ganzen negativen Berichte nicht mehr belasten. Anfangs gerät man zwar immer wieder in Situationen, in denen man sich ausgeschlossen fühlt, weil man von gewissen Themen einfach keine Ahnung mehr hat. Heute bin ich allerdings froh, dass ich über diese Dinge gar nicht mehr mitdiskutieren muss. Oft ist es sogar befreiend, weil die meisten aktuellen Themen ja nur negativ sind.

Wir dürfen auch nicht vergessen, dass wir alle über das Fernsehen und die Presse manipuliert werden. Da werden sehr bewusst Meinungen suggeriert und in die Köpfe der Zuschauer gepflanzt. Ich will hier keine Verschwörungstheorien aufstellen, da sie nicht hilfreich sind, doch seit ich mich nicht mehr auf Mainstreammedien einlasse und deren Programm konsumiere, fällt es mir viel leichter, eigene Wahrheiten zu finden und nicht nur das Vorgesagte wiederzukäuen.

Außerdem finde ich es erschreckend, wie niveaulos viele Unterhaltungssendungen sind, die täglich ausgestrahlt werden. Da werden Menschen vorgeführt, die nur rumsitzen, sich streiten, anschreien und beleidigen oder ständig jammern, und im Grunde passiert nicht viel mehr. Wer sich so etwas immer wieder anschaut, hat irgendwann das Gefühl, es sei normal, sich auf diese Weise zu verhalten. Das Schlimme daran ist, dass dieses ganze Destruktive auf unser Unterbewusstsein wie eine ständige Suggestion wirkt.

Noch schlimmer ist es nur, wenn wir den Fernseher die ganze Zeit nebenher laufen lassen, aber nicht mal bewusst schauen. Die Informationen gehen dann direkt ins Unterbewusstsein, und das wiederum kann nicht unterscheiden zwischen Fernsehsendung und Realität. Für das Unterbewusstsein ist alles Realität.

Entscheide dich bewusst dafür, dich mit diesen Inhalten nicht länger tagtäglich zu belasten. Sage dir selbst: »Ich bin mir mehr wert, und ich tue mir das nicht mehr an!« Ich verspreche dir, dein Alltag wird sich absolut verändern, denn es wird dir noch leichter fallen, in deiner *Enjoy this Life*®-Persönlichkeit zu bleiben und glücklicher und zufriedener zu sein.

Hinzu kommt noch ein weiterer positiver Aspekt, denn nach einer gewissen Zeit wirst du merken, dass dein neues Ich durchaus auch eine Wirkung auf dein Umfeld hat und sich dieses allmählich verändert. Vielleicht können wir, jeder Einzelne von uns, damit die Welt zu einer besseren machen. Solange wir Interesse für solche destruktiven oder seichten Sendungen oder reißerische, negative Zeitungsberichte zeigen, solange werden sie auch produziert! Wenn aber immer weniger Menschen diese konsumieren, dann müssen all die Produzenten und Redakteure darauf reagieren und hochwertigere, anspruchsvollere Beiträge produzieren. Es gibt sie zum Glück auch immer mehr, was zeigt, dass viele das erkannt haben und es leid sind, sich täglich mit all den Soaps, Talkshows und Horrornachrichten abspeisen zu lassen.

Probiere es einfach mal aus, lasse mal drei Monate die genannten Medien weg, und ich bin mir sicher, du wirst merken, dass du diese Art der Unterhaltung in deinem Leben nicht mehr brauchst.

Du weißt jetzt, dass du als *Enjoy this Life*®-Persönlichkeit dein bisheriges Leben entrümpeln musst und neu gestalten darfst. Im Grunde darfst du einen Neuanfang wagen. Ist das nicht großartig? Raus aus der Routine und hinein ins neue Leben. Was könnte dich jetzt dabei unterstützen und dir zu einer neuen Perspektive verhelfen?

Ich persönlich finde, als *Enjoy this Life*®-Persönlichkeit solltest du dich auch von deiner Intuition leiten lassen. Je mehr du diese trainierst, umso klarer kannst du unterscheiden, was wirklich von deiner Intuition beziehungsweise deinem Bauchgefühl kommt, was deiner Fantasie entspringt und was vielleicht deine Ängste und deine Muster sind.

Ich empfehle dir, damit erst anzufangen, wenn du deinen inneren Kritiker schon sehr gut kennst und gemerkt hast, dass er in den letzten Wochen oder Monaten positiver geworden ist. Sonst ist vieles, von dem du annimmst, es könnte deine Intuition/dein Bauchgefühl sein, in Wirklichkeit nur ein Input deines Unterbewusstseins. Diese Inputs sind oft nicht sehr sinnvoll, weil sie im Grunde von deinen Ängsten, deinem Denken und deinen Mustern gespeist werden. Da es am Anfang ohnehin schon schwer genug ist, klar zu benennen, was tatsächlich von deiner Intuition kommt, bitte ich dich, diese Übung nicht zu früh zu machen, sonst könnte es sein, dass du enttäuscht wirst und nicht den erwünschten Erfolg haben wirst.

Ganz oft werde ich gefragt, wie man denn nun Intuition erlernen kann und wie zu unterscheiden ist zwischen der Fantasie und den Inputs aus dem Unterbewusstsein. Ich muss zugeben, dass es dafür keinen 08/15-Trick gibt. Es hat vor allem mit sehr viel Training zu tun. Deine Intuition ist letztlich wie ein Muskel: Je mehr du ihn trainierst, umso stärker und klarer tritt er in den Vordergrund. Du solltest wissen, dass jeder Mensch über eine intuitive Seite verfügt, wirklich jeder von uns. Bei ein paar Menschen ist sie einfach von Geburt an stärker ausgeprägt oder wurde schon mehr gebraucht, doch jeder kann es letztlich lernen, ein Bauchgefühl zu entwickeln. Ich persönlich lasse mich täglich von meiner Intuition leiten. Die Impulse der Intuition sind eher kurze heftige Gefühle oder Gedankenblitze. Selten ganze Sätze, sondern eher einzelne Gefühle oder Worte wie *Ja*,

Nein, Fahr nach links oder *Geh da durch*. Es sind vielmehr Eingebungen, und man fühlt es eher in der Bauchgegend – deswegen auch Bauchgefühl – und denkt es weniger. Intuition hat mit Kopfarbeit und Verstandesleistung nichts zu tun. Doch glaube mir, je mehr du auf spontane Eingebungen achtest und je mehr du dir deine Intuition zunutze machst, umso leichter wird es, und mit der Zeit kannst du ganz klar erkennen, was von deinem Bauchgefühl und was aus deinem Verstand/Unterbewusstsein oder deinen Mustern kommt.

Kurz noch eine Erklärung: Intuition nennt man auch Sensitivität. Das hat nichts mit Medialität oder Kommunikation mit Geistführern oder Engeln zu tun. Viele haben das Gefühl, dass die Intuition oder das Bauchgefühl von der geistigen Welt kommt, was aber nicht der Fall ist, es ist eine rein sensitive Fähigkeit.

ÜBUNG
Intuition trainieren

Achte heute auf alle Impulse, die du bekommst, gerade wenn du ein Problem hast oder nach einer Lösung für etwas suchst. Wie hat sich der Impuls angefühlt? Präge dir dieses Gefühl gut ein, damit du später unterscheiden kannst, welche Impulse wirklich von deiner Intuition kommen und welche vielleicht noch nicht. Du wirst mit der Zeit merken, dass sich Intuition immer sehr ähnlich anfühlt und dass Gedanken aus dem Verstand oder Unterbewusstsein ganz anders sind. Doch dazu musst du deine Intuition beobachten. Das Spannende ist, sobald du dich entscheidest, einen Tag lang deiner Intuition zu folgen, wird sich deine Intuition auch an diesem Tag ganz oft melden und dir immer wieder Impulse schicken. Beginne mit Kleinigkeiten, du kannst nämlich auch deine Intuition bitten, dir Impulse zu geben, damit sie sich nicht nur bei dir meldet, wenn es unbedingt sein muss. Du sollst lernen, sie bewusst einzusetzen. Integriere sie so oft es geht in deinen Alltag. Doch bevor du lernst, sie aktiv zu nutzen, achte mal wirklich ein bis zwei Tage nur darauf, wann sich die Intuition von sich aus bei dir meldet, damit du ihre »Sprache« kennenlernst. Denn sobald du die Intuition bewusst einsetzt, mischt sich, zumindest am Anfang, der »Kopf/Verstand« noch stark ein. (Ein bis zwei Tage sind nur eine Minimalvorgabe, du kannst die Intuition auch bewusst über Wochen bis hin zu einem Vierteljahr nur beobachten, je länger, desto besser.) Wenn du merkst, das klappt schon ganz gut, dann gehen wir zum zweiten Schritt über.

Der zweite Schritt besteht darin, immer wenn du nun Hilfe oder einen Tipp brauchst, deine Gedanken ganz bewusst auf deine Intuition zu richten und sie zu fragen: »Liebe Intuition, was soll ich jetzt tun?« Achte anschließend auf das Gefühl, das in dir hochsteigt, oder den Input, den du erhältst.

Manchmal, wenn ich ein großes »Problem« habe, bei dem ich einfach nicht weiterkomme, und dann mein Bauchgefühl befrage, erhalte ich keine Antwort. Doch in solchen Situationen habe ich gelernt zu entspannen. Kaum mache ich etwas, das mich entspannt, zum Beispiel duschen, kommt plötzlich der richtige Input der Intuition. Denn besonders am Anfang kann es sein, dass du dich zu fest darauf versteifst, einen Input zu bekommen, dass du gerade dadurch deine Intuition völlig blockierst.

Horche so oft es geht in dich hinein und achte darauf, was dir dein Bauchgefühl rät, das eröffnet dir völlig neue Perspektiven, und betrachte Intuition als etwas durch und durch Natürliches.

Verabschiede dich von deiner primär kopfgesteuerten Herangehensweise an Dinge und lasse alte Muster und Blockaden hinter dir. Bleibe aber entspannt, wenn du deine Intuition aktiv nutzt, nur dann ist sie wirklich ein sehr guter Freund und Helfer.

Wie schätzt du dich selbst ein im Hinblick auf:

Entrümpelungsbedarf in deinem Leben?

_____
_____
_____
_____
_____

Entrümpelungsbedarf in deiner Wohnung?

_____
_____
_____
_____
_____

deine Fähigkeit loszulassen?

_____
_____
_____
_____
_____

deine Fähigkeit, dich aus deiner Komfortzone herauszubewegen?

_____
_____
_____
_____
_____

eine Veränderung deiner Perspektive?

_____
_____
_____
_____
_____

Fokus und Meditation

Allein bei dem Wort »Meditation« gehen die Philosophien schon weit auseinander, und es gibt unterschiedliche Meinungen, was Meditation wirklich ist. Ich will hier in diesem Buch nicht weiter darauf eingehen, was für mich Meditation bedeutet und was ich darunter verstehe, denn das ist für das *Enjoy this Life*®-Programm nicht wichtig. Mir geht es vielmehr darum, meditative Übungen und Methoden zu nutzen, um dir in einfacher Form zu helfen, deinen Fokus mehr auf dem Hier und Jetzt gerichtet zu halten. Je bewusster du deine Handlungen ausführst, desto bewusster wirst du dir deiner selbst und deiner Schöpferkraft. Als *Enjoy this Life*®-Persönlichkeit, die ihr Leben selbst gestaltet, hast du sicher schon festgestellt, dass du sehr präsent bist und ganz in deiner Kraft, wenn es dir gelingt, voll in der *Enjoy this Life*®-Energie zu sein.

16. Tag
Meditieren soll Spaß machen

Einige Leser sind jetzt vielleicht irritiert, die Wörter »Meditation« und »Spaß« in einem Satz zu lesen, aber ich stehe felsenfest hinter dieser Aussage. Meditation ist kein Wettkampf. Es geht einzig und allein darum, Dinge ganz bewusst zu tun. Das kann bedeuten, bewusst an etwas zu denken, bewusst loszulassen oder auch einfach nur bewusst zu atmen oder zu essen. Du siehst schon, lieber Leser, du kannst im Grunde nahezu überall und zu jeder Gelegenheit meditieren. Es ist nicht nötig, dass du einen festen Termin dafür ansetzt, und auch die Dauer der Meditation spielt keine große Rolle, wichtig ist allein die Regelmäßigkeit. Lieber richtest du bewusst ein, zwei Minuten am Tag deinen Fokus auf deine Atmung, als krampfhaft einmal die Woche eine halbe Stunde zu meditieren. Welche Dinge du zum Anlass nimmst, um darüber zu meditieren, wann für dich die richtige Gelegenheit ist, um zu meditieren, welche Themen du dir zum Meditieren suchst, die dir Spaß machen – all das liegt allein in deiner Hand, niemand kann dir dazu Vorschriften machen. Meditation sollte eines gerade nicht sein: dogmatisch.

Wenn du erst einmal erfahren hast, welche positiven Auswirkungen das Meditieren hat, wirst du nicht mehr darauf verzichten wollen. Mir ist bewusst, dass bei einigen, wenn sie nur das Wort »Meditation« hören oder lesen, sofort Stress aufkommt, weil sie denken a) keine Zeit dafür zu haben und b) keine Lust. Das erste Argument habe ich bereits entkräftet, indem ich auf den Zeitfaktor zu sprechen gekommen bin. Was nun die persönliche Unlust anbelangt, kann ich nur sagen, es liegt an dir, ein Thema oder einen Fokus für eine bestimmte Meditation zu finden, die dir Spaß macht. In den nächsten drei Tagen stelle ich dir gezielte Meditationen vor. Heute kannst du dir selbst ein Thema aussuchen, woran du bewusst denken möchtest oder worauf du deine gesamte Aufmerksamkeit richtest, und seien es die abstehenden Ohren des Typen vor dir im Bus, die so herrlich leuchten, weil die Sonne durch sie förmlich hindurchscheint ;-).

Aber mal im Ernst: Meditation kann dir helfen, dich selbst und auch deinen Körper besser wahrzunehmen und Seele und Geist die Ruhe zu geben, die du benötigst, um beispielsweise bestimmte Probleme anzugehen und zu lösen. Am meisten Schwierigkeiten bereiten uns meiner Meinung nach unsere Gefühle, die wir nicht kontrollieren können. Daraus resultiert Stress, und den will keiner von uns haben. (Wie du mit ihm umgehen beziehungsweise ihn vermeiden kannst, habe ich dir ja schon im Kapitel zum Körperbewusstsein am 9. Tag verraten.) Meine eigene Erfahrung mit Meditation und auch die vieler anderer Menschen ist die, dass wir emotional ausgeglichener sind, weniger trübe Gedanken haben, uns besser konzentrieren können und uns generell schneller erholen.

Doch auch ich erlebe immer wieder Situationen, die mich aus dem Gleichgewicht bringen – ein Streit, schlimme Nachrichten, Krankheit oder ein Schicksalsschlag. Wenn ich in meiner *Enjoy this Life*®-Persönlichkeit bin, werde ich in diesen Situationen allerdings nicht von den Emotionen überrollt, sondern kann ruhig und fokussiert agieren. Wenn ich aber in mein altes Ich zurückfalle und nicht in meiner Mitte bin – und das passiert durchaus mal, wenn ich mit etwas Unerwartetem konfrontiert bin –, dann versuche ich sofort wahrzunehmen, dass ich aus meiner *Enjoy this Life*®-Persönlichkeit rausgefallen bin. Und erst wenn ich kurz innegehalten habe und mich bewusst gefragt habe, wie ich als *Enjoy this Life*®-Persönlichkeit die Situation meistern kann, ist es mir wieder möglich, lösungsorientiert und häufig auch in sehr kurzer Zeit die nötigen Dinge zu veranlassen. Bislang hat mir die Meditation dabei immer geholfen. Durch sie habe ich gelernt, viel mehr im Hier und Jetzt zu leben und zu handeln. Meditation schenkt dir mehr innere Stärke.

Zum Abschluss möchte ich dir noch eine faszinierende Anekdote aus meiner Kindheit erzählen, die dir einen Eindruck geben soll, wie viel Power in einer Meditationsübung stecken kann.

Schon als Kind haben mich spezielle Meditationsformen fasziniert, und so begleitete ich meine Mutter ein paarmal im Jahr in Zen-Meditationsseminare. Auch im Kampfsport kam ich immer wieder mit der Meditation in Berührung und war ein echter Fan der großen Meister, die durch Meditation und die Lenkung des Chis Körperstellen für Schmerz unempfindlich machen konnten. Vor allem die Shaolin-Mönche mit ihren Kung-Fu-Demonstrationen haben es mir angetan. So zerschlugen sie ohne Probleme Metallplatten auf ihrem Kopf, und ein Mönch konnte ganz ohne Schmerzen Vollkontakttritte in seine Hoden wegstecken. Jeder Mann kann jetzt sicher gut nachvollziehen, warum mich das fasziniert hat, ich empfand es sogar als regelrecht unglaubwürdig. Damals war ich vierzehn, und ich durfte selbst zutreten, nachdem ich mich überzeugt hatte, dass er keinen Tiefschutz anhatte. Jeder Mann weiß, das kann man nicht vorspielen, denn sogar mit Tiefschutz sind solche Tritte enorm schmerzhaft. Die Faszination für Meditation und Energiearbeit war bei mir mit diesem und ähnlichen Erlebnissen definitiv geweckt worden.

Ob du nun in Zukunft mithilfe der Meditation auf das Ziel hinarbeitest, Metallplatten auf deinem Kopf zu zerschlagen, oder dich ein paar Nummern kleiner damit »begnügst«, bewusst deiner Atmung oder Vogelgezwitscher zu lauschen, bleibt dir überlassen. Hauptsache, du hast Spaß an der Meditation.

17. Tag
Meditationen – aktives Zuhören

Wenn wir uns mit jemandem unterhalten, geschieht es sehr oft, dass wir gar nicht wirklich zuhören. Viele überlegen sich, während sie vorgeben zuzuhören, in Wahrheit nur, was sie als Nächstes antworten können. Beobachte dich mal bei einer Unterhaltung. Hörst du tatsächlich zu, oder formulierst du im Geiste bereits eine Antwort? Dabei ist Zuhören etwas wirklich Heilsames, doch die meisten Menschen sind so sehr mit sich selbst beschäftigt, dass sie gar nicht mehr zuhören können und es vor allem oft auch nicht gelernt haben.

Wie viele Mütter und Väter fragen ihre Kinder zum Beispiel, wie es in der Schule war, und bekommen die Antwort gar nicht richtig mit, weil sie nebenher kochen oder irgendetwas anderes im Haushalt erledigen. Oder es läuft ständig das Radio oder der Fernseher, und Unterhaltungen finden nur noch nebenher statt. Ich persönlich bin davon überzeugt, wenn Eltern ihren Kindern wieder viel bewusster und aufmerksamer zuhören würden, sich mit ihnen hinsetzen und einfach eine ruhige Unterhaltung führen würden, dass dann viele Kinder viel ruhiger und ausgeglichener wären.

Aber nicht nur bei Kindern hören wir oft nicht richtig zu, sondern auch bei Freunden oder in der Beziehung. Du kennst das bestimmt: Dein Partner erzählt dir etwas, und du tust so, als würdest du zuhören, und im Nachhinein hast du keine Ahnung, was er dir erzählt hat.

Bevor wir zur Übung wechseln, möchte ich dir ein paar einfache Tipps geben, wie du mit derartigen Situationen besser umgehen kannst. Sie helfen mir immer, wenn ich so tief in Gedanken bin, dass es mir schwerfällt, wirklich voll und ganz präsent zu sein, und können das Miteinander enorm erleichtern und harmonischer gestalten. Wichtig ist dabei, das vielleicht auch in der Familie zu besprechen und zu erklären, was du damit erreichen möchtest – auch deinen Kindern, denn Kinder lernen sehr viel von den Eltern. Und wie schön wäre es, wenn unsere Kinder in Zukunft wieder richtig zuhören könnten – wie viel Heilung kann da geschehen.

TIPPS,
damit die Kommunikation gelingt

1. Sucht jemand das Gespräch mit dir, gerade wenn es sehr wichtig ist und deine volle Aufmerksamkeit verlangt, dann frage dich erst einmal: »Passt es mir jetzt? Kann ich konzentriert zuhören und präsent sein?« Wenn ein klares Ja kommt, gut. Häufig erlebe ich es aber, dass der Zeitpunkt für mich gerade nicht ideal ist. Dann sage ich: »Ich weiß, es ist sehr wichtig für dich, doch gib mir ein paar Minuten, um dies oder jenes zu erledigen, dann bin ich voll und ganz für dich da. Ich möchte dir gern richtig zuhören.« Am Telefon füge ich noch hinzu: »Darf ich dich in x Minuten zurückrufen?« Man sollte sich dann aber auch daran halten.

2. Empfehlung an alle Frauen: Wenn du deinem Mann etwas erklären möchtest oder ihm etwas mitteilen möchtest, bilde einfache, klare Sätze. Wir Männer verarbeiten Informationen anders als Frauen.

3. Manchmal merke ich in Gesprächen, dass mein Gegenüber für Vorschläge oder lösungsorientiertes Denken gar nicht offen ist, weil das primäre Bedürfnis ist, sich mal alles von der Seele zu reden. In diesen Fällen frage ich sicherheitshalber nach – und ganz besonders wenn ich mich mit meiner Partnerin unterhalte. Häufig sagt sie dann: »Ja, hör mir zu, ich brauche keine Tipps, ich brauche einfach nur ein offenes Ohr.« Und schon weiß ich, was sie von mir möchte, und ich fühle mich nicht ständig unter Druck, ihr Ratschläge zu geben.

4. Es gibt Situationen, in denen jemand zum Beispiel Terminabsprachen treffen möchte, und ich merke, dass mein Kopf voll ist oder ich in Gedanken ganz woanders bin. Dann sage ich oft: »Ich weiß, dir ist das wichtig, mir auch, doch ich habe heute noch einiges auf meiner Agenda. Ich trage den Termin heute Abend ein und bestätige ihn dir per SMS oder Mail. Da ich mich aber gut kenne, kann es sein, dass ich es vergesse. Würdest du mich bitte am Abend noch mal daran erinnern?« Sicherlich kennst du ähnliche Situationen, und wenn man dann einen Termin vergisst, der für den anderen wichtig ist, kann das schnell zu einem Konflikt führen, der von beiden Seiten nicht gewollt ist.

5. Jemand erzählt dir extrem unwichtige Dinge oder immer nur Negatives. Das ist schwierig, gerade wenn es jemand aus der Familie ist. Wie bleibe ich in einer solchen Situation in meiner *Enjoy this Life*®-Persönlichkeit, und wie kann ich mich von solchen Situationen distanzieren? Nun, dafür gibt es keinen Pauschaltipp.

Das Wichtigste ist, dass ich zuerst darauf achte, ob ich in der *Enjoy this Life®*-Persönlichkeit bin, denn dann lasse ich mich nicht in die Emotionen hineinziehen. Wenn jemand ständig destruktiv redet, versuche ich einen Themawechsel. Funktioniert das nicht, dann frage ich mal ganz unverblümt: »Warum erzählst du mir das? Weshalb denkst du, dass es wichtig für mich ist?« Viele wissen dann gar nicht, was sie darauf antworten sollen, und erwidern etwas wie: »Ich möchte mich einfach unterhalten!« Darauf sage ich oft: »Ich auch, aber das Thema ist nicht so unterhaltsam.« Dann schiebe ich noch eine Begründung nach, wie zum Beispiel: »Es interessiert mich einfach nicht so« oder »Ich kenne mich da nicht aus«. Häufig sage ich bei ganz destruktiven Dingen: »Lass uns das Thema wechseln, die Welt ist schon schlimm genug, ich geh noch mit Depressionen heim, wenn wir weiter darüber reden, lass uns lieber über was Schönes sprechen!« Danach ist es meistens leicht, das Thema zu wechseln. Viele Menschen sind so in der Routine von Negativität gefangen, dass sie gar nicht merken, wie sie ihr Umfeld langweilen oder stimmungsmäßig runterziehen.

Ein gutes Mittel, um Menschen auszubremsen, die immer jammern, lästern oder auf andere Weise destruktiv sind: Beim nächsten Treffen ergreife ich das Wort und sage: »XY, du weißt gar nicht, was mir passiert ist! Letzte Woche saß ich mit jemandem zusammen, der hat nur gelästert und war ständig negativ. Das hat mich unglaublich genervt, und ich habe richtig gespürt, dass ich solche Menschen nicht mehr in meinem Umfeld möchte. Ich habe mich entschlossen, mich von solchen Leuten zu distanzieren und wenn es sein muss, sogar den Kontakt abzubrechen.« Ich gebe aber nicht zu erkennen, dass ich ihn/sie meine, ich erzähle die Geschichte mit Absicht ein bisschen anders. Doch zu 90 Prozent wird die Person sich in Zukunft zurückhalten, wenn du ihr wichtig bist.

Dies sind nur einige Tipps für Alltagssituationen, in denen wir Kommunikation als schwierig erleben. Mir ist aufgefallen – und das ist mein wichtigster Rat an dich –, wenn du in deiner *Enjoy this Life*®-Persönlichkeit bist, dann wird dir in jeder Situation eine Möglichkeit in den Sinn kommen, wie du sie zum Positiven verändern und am besten darauf reagieren kannst. Ich bin mir sicher, du wirst das in Zukunft noch häufig erleben.

Doch nun wieder zurück zum Thema Meditation und aktives Zuhören.

Wie ich zu Beginn gesagt habe, heißt Meditation für mich nicht nur Augen schließen und ruhig dasitzen. Ich trainiere häufig meinen Fokus, indem ich aktiv zuhöre. Das hat sogar nicht selten eine »heilende« Wirkung auf die Person, bei der ich es praktiziere, und ich kann es täglich oft mehrmals anwenden. Es bietet auch eine gute Übungsmöglichkeit, falls dich mal ein Gespräch langweilt oder das Thema uninteressant ist, indem du beginnst, den Fokus wirklich auf das gesprochene Wort zu richten, und sehr aktiv zuhörst. So kannst du im Alltag ganz einfach eine Art Zuhörmeditation praktizieren. Du musst nur mit deiner Aufmerksamkeit auf den Worten des Gegenübers bleiben, ohne Ablenkungen zuzulassen. Das wird auch die Beziehungen zu deinen Gesprächspartnern verbessern.

Eine andere Variante der Zuhörmeditation bietet zum Beispiel ein Spaziergang im Wald. Achte dabei ausschließlich auf die Geräusche der Tiere und der Natur, lausche dem Gesang der Vögel, höre das Summen der Bienen oder wie das Laub knistert und von den Bäumen fällt.

ÜBUNG
Meditation aktives Zuhören

Achte heute mal speziell auf alle Geräusche, die im Alltag um dich herum sind. Nimm dir über den Tag verteilt immer mal wieder 1–2 Minuten Zeit, um aktiv nur zu hören, welche Geräusche du gerade in deinem Umfeld wahrnehmen kannst. Manchmal haben wir das Gefühl, dass wir an einem stillen Ort sind, doch wenn wir unsere Aufmerksamkeit bewusst auf das Hören richten, dann werden wir überrascht sein, wie viele Geräusche um uns herum sind.

Beobachte dich auch in den nächsten Tagen, ob du wirklich zuhören kannst oder ob du innerlich unruhig wirst, wenn jemand dir etwas erzählt, weil du gern antworten möchtest. Versuche in nächster Zeit, nur bei dir zu sein, voll und ganz in deiner *Enjoy this Life*®-Persönlichkeit, und übe dich im aktiven Zuhören. Ich praktiziere das sehr oft in Gesprächen und bin immer wieder überrascht, wie viele Menschen ebenfalls überrascht oder manchmal ganz verwundert reagieren. Gerade am Telefon fragen mich viele: »Bist du noch da?« »Ja, ich höre dir nur bewusst zu!« Viele sind irritiert, weil wir es gewohnt sind, beim Erzählen unterbrochen zu werden oder ständig Zwischenrufe zu bekommen.

Diese Übung macht wirklich Spaß und ist auch gar nicht so leicht, jedenfalls für mich, da ich sehr gern rede. Dadurch ist sie für mich und Menschen, die ähnlich gern reden, auch eine richtig gute Übung. Aber vor allem ist es eine Meditationsform, die wir alle in unserem Alltag praktizieren können.

18. Tag
Fokus-Meditationen
für die Aufmerksamkeit

Die Fokus-Meditation ist ganz einfach und sicherlich die Meditationsform, die du wahrscheinlich schon kennst. Einigen fällt es schwer, sie täglich zu praktizieren, weil man Geduld und regelmäßiges Training braucht, bis man die volle Wirkung erfahren kann. Dennoch hoffe ich und wünsche es mir, dass du sie in deinen Alltag integrieren kannst.

Zuerst noch eine kurze Erklärung, was ich unter Fokus-Meditation verstehe: Eigentlich heißt es nichts anderes, als dass du einen Fokus hast, auf den du dein Bewusstsein richtest. Es gibt verschiedene Dinge, die du als Fokus nehmen kannst: eine brennende Kerze, ein Foto oder einfach einen Punkt vor dir auf dem Boden, den du mit leicht geöffneten Augen anschaust. Ich persönlich ziehe es vor, die Augen geschlossen zu halten; deswegen lege ich meinen Fokus auf den Atem, weil ich den stets dabeihabe und er ein Teil von mir ist. Du könntest aber auch deinen Herzschlag nehmen. Ich erkläre dir die Übung jetzt anhand des Atems, aber wie gesagt, suche dir einfach deinen persönlichen Fokus, der sich für dich richtig anfühlt.

ÜBUNG
Sich fokussieren

Setze dich bequem hin und mache es dir gemütlich. Ich empfehle dir, dich bei der Übung nicht hinzulegen, weil die Chance sehr groß ist, dass du dann einschläfst. Schließe dann deine Augen und konzentriere dich auf deinen Atem. Nimm wahr, wie du einatmest und ausatmest. Bleibe mit deinem Fokus nur beim Atmen, ein und aus. Vielleicht kannst du wahrnehmen, dass beim Einatmen deine Nasenflügel kühler sind und beim Ausatmen wärmer. Bleibe während der ganzen Zeit nur bei deinem Atem. Wenn Gedanken auftauchen, gehe sofort mit deinem Fokus wieder zurück zum Atem. Atme ein und wieder aus ... ein und aus ...

Bei der Fokus-Meditation brauchst du nichts anderes zu tun, als deinen Fokus nur auf dem Atem zu halten, ohne Erwartungen, ohne auf ein Ergebnis zu hoffen. Du wirst feststellen, dass es gar nicht so leicht ist, wie es sich vielleicht anhört. Die ideale Dauer für diese Meditation beträgt 20–45 Minuten, doch wenn du nicht gewohnt bist zu meditieren, wird dir dies fast nicht möglich sein, weil bei vielen schon nach 2–5 Minuten der Fokus auf den Atem verloren geht und das Studieren und Tagträumen beginnt. Steigere daher lieber die Dauer von Tag zu Tag oder von Woche zu Woche.

Wichtig ist nicht die Dauer der Meditation, sondern wie gut du den Fokus halten kannst. Lieber täglich nur 5 Minuten als einmal die Woche 20 Minuten. Regelmäßigkeit und ein klarer Fokus sind entscheidend. Du kannst auch mit einer Minute täglich beginnen und die Meditationsdauer dann langsam steigern. Ich wünsche dir viel Spaß dabei.

19. Tag
Essmeditation

Die nächste Meditation ist wie die Zuhörmeditation auch wieder eine, die du täglich und ohne zeitlichen Aufwand praktizieren kannst, da wir alle jeden Tag essen. Diesen Umstand können wir nutzen und zu einer Übung umwandeln. Besonders Spaß macht die Meditation, wenn du vielleicht ohnehin gerade dabei bist, deine Essgewohnheiten zu verändern.

Diese Meditation hat mehrere Vorteile: Sie ist sehr gesund, denn durch sie lernst du wieder, bewusst zu essen und zu kauen. Wie du sicher weißt, beginnt die Verdauung bereits im Mund. Du wirst feststellen, dass du nach dem Essen viel seltener ein Völlegefühl verspürst und deine Verdauung wieder viel besser funktioniert. Viele Kursteilnehmer berichteten mir, dass sie allein durch diese Form der Meditation Blähungen oder Magen-Darm-Beschwerden losgeworden sind. Außerdem haben viele, die die Übung täglich praktizieren, ihr normales Körpergewicht erreicht, und zwar ohne eine spezielle Diät oder dass sie auf etwas verzichten mussten. Einfach indem sie gelernt haben, wieder bewusst zu essen.

Essen ist leider zu etwas geworden, das bei vielen schnell gehen muss und sehr unbewusst stattfindet. Viele können gar nicht mehr in Ruhe essen. Oft sehe ich Menschen, die sich zum Essen nicht einmal mehr hinsetzen, sondern die Nahrung gleich im Stehen wortwörtlich verschlingen. Bei anderen hat man das Gefühl, sie müssten ihre Nahrung gegen wilde Tiere verteidigen. Sie stopfen sich die Münder voll und schlingen nur noch, ohne wirklich zu kauen.

Der Nachteil ist, dass wir durch den Stress beim Essen und das Schlingen mit der Zeit enorme gesundheitliche Probleme bekommen können. Bedenke immer: 90 Prozent deines Immunsystems befinden sich in deinem Darm. Ständige Blähungen, Durchfall, Verstopfung, Sodbrennen und Völlegefühl sind nicht normal, auch wenn extrem viele Menschen diese »Symptome« haben und sie dadurch schon fast als normal angesehen werden.

Allein durch diese Übung wirst du feststellen, dass sich bei dir sehr viel auch körperlich zum Positiven verändern wird – dein Körper wird wieder mit viel mehr Nährstoffen versorgt, und er erhält dadurch natürlich auch viel mehr Energie. Außerdem solltest du beim Essen weder Radio hören noch fernsehen, das lenkt nur ab. Hinzu kommt, dass wir dann oft auch viel mehr essen, weil wir nicht bewusst beim Essen sind, und eine Folge von zu viel Essen kennen fast alle – wir tragen es nachher auf unserer Hüfte.

ÜBUNG
Essmeditation

Schön ist es natürlich, wenn deine ganze Familie bei dieser Meditation mitmacht. Vielleicht kannst du sie ja motivieren, doch falls nicht, dann mache sie einfach für dich. Beginne von jetzt an beim Essen wirklich ganz bewusst zuerst zu dir zu kommen, betrachte das Essen wieder als etwas »Heiliges«, sei vielleicht auch dankbar, dass du überhaupt die Möglichkeit hast, Nahrung zu dir zu nehmen. Ich bedanke mich im Stillen für jede Mahlzeit und segne diese.

Dann beginne wieder bewusst zu kauen. Ideal ist je nach Nahrungsmittel, jeden Bissen ca. 50–80 Mal zu kauen, das ist für Schnellesser und auch für Normalesser am Anfang eine echte Herausforderung. Deswegen empfehle ich dir, 2–3 Wochen jeden Bissen nur 20 Mal zu kauen, auch das ist schon gar nicht so einfach. Du wirst feststellen: Übung macht den Meister! Lasse dich am Anfang nicht irritieren, wenn es nicht sofort klappt. Ich gebe zu, mir machte das anfangs auch keinen Spaß, deswegen veränderte ich meinen Fokus und betrachtete es als Meditationspraxis, etwas, das ich sehr bewusst tun wollte. Mit der Zeit wird es normal, und dann ist es für dich immer leichter, doch versuche auch dann, beim Essen möglichst bewusst zu bleiben und den Fokus zu halten, damit es immer eine Meditationsform bleibt.

Achtung: Es ist vollkommen normal, dass du oft nur noch die Hälfte der gewohnten Portion isst. Häufig ist das aber nicht weiter tragisch, weil wir eher die Tendenz haben, viel zu viel zu essen.

20. Tag
Begegne dir selbst

Es gibt immer wieder Situationen, die nicht so laufen, wie sie laufen sollten. Beispielsweise kommt es zu einem Konflikt, und du reagierst in der Situation alles andere als souverän, geschweige denn wie eine *Enjoy this Life*®-Persönlichkeit. Vielleicht brichst du total zusammen oder gehst in die Angst, Aggression oder Unsicherheit oder etwas Ähnliches. Sicher kennen wir alle Situationen, bei denen wir spätestens abends denken: »Ich hätte in der Situation so oder so reagieren sollen.« Für diese Momente ist das positive Umerleben genial.

Ab heute kannst du jede Situation in deiner Vorstellung umerleben, das heißt so erleben, wie du es gerne hättest. Das Spannende dabei ist, dass, sobald du eine Situation umerlebst, diese für dein Unterbewusstsein absolute Realität ist. Wenn du in Zukunft aber alle Situationen, bei denen du noch nicht voll als *Enjoy this Life*®-Persönlichkeit agierst oder auch ganz rausgefallen bist, am Abend umerlebst, wirst du dadurch eine neue positive Resonanz schaffen können. Es ist ein sehr effektives Tool.

Natürlich wäre es sinnvoller, in Zukunft immer voll und ganz als *Enjoy this Life*®-Persönlichkeit zu agieren, sodass wir dieses Tool niemals nutzen müssen, doch es ist gut zu wissen, dass man Situationen umerleben und somit auch die Resonanz wieder in eine gute Richtung lenken kann. Gerade am Anfang, wenn man beginnt, ist diese Übung Gold wert. Je mehr du die *Enjoy this Life*®-Persönlichkeit lebst, umso weniger wirst du diese Übung brauchen.

Demgegenüber gibt es bestimmte Situationen, in die wir immer wieder geraten, und wir reagieren in der immer gleichen Situation nicht gerade ideal. Hier ist die Übung positives Vorerleben ein besonders hilfreiches Tool, da wir unser zukünftiges Verhalten gedanklich bewusst anders erleben und so eine neue positive Resonanz schaffen können.

ÜBUNG
Positives Umerleben

Bevor du mit der Übung beginnst, mache dir bewusst, welche Situation du umerleben möchtest.

Dann schließe deine Augen und nimm zunächst ein paar Atemzüge. Komme zur Ruhe. Wichtig ist, dass du in diese Übung nicht mit destruktiven Emotionen reingehst. Komme voll und ganz zur Ruhe. Das einfachste Mittel, um zur Ruhe zu kommen, ist, einfach den Fokus auf den Atem zu halten. Atme bewusst in deinem Tempo 2–5 Minuten.

Wenn du voll und ganz in deiner Mitte bist, dann stelle dir nochmals den Anfang der Situation vor, die du positiv umerleben möchtest. Gehe voll und ganz in die Situation rein, sieh alles so, wie es war. Achte dabei auch auf die Geräusche, auf Düfte und auf alles andere, wie es in der ursprünglichen Version war.

Und jetzt verändern wir den Ablauf: Immer wenn eine Situation oder Stelle kommt, bei der du gerne anders reagiert hättest, reagierst du jetzt genauso in deiner Vorstellung. Jedes Detail, was destruktiv ist, erlebst du jetzt um, und zwar so, wie du es als richtig und positiv empfindest. Stelle dir vor, du bist der Regisseur dieses Films und drückst immer die Stopptaste, sobald du an eine Stelle kommst, die dir so, wie sie war, nicht gefallen hat. Langsam lässt du in deiner Vorstellung den Film neu entstehen – und zwar voll und ganz als *Enjoy this Life*®-Persönlichkeit. Fühle und erlebe die Situation voll und ganz, fühle die positiven Emotionen und gehe wirklich in die Szenen rein. Wenn du es in deiner Vorstellung wirklich voll erlebst und in die positiven Emotionen gehst, wird es für dein Unterbewusstsein und für dein Gehirn genau so sein, wie du es in deiner Vorstellung erlebst. Am Ende wird es in deinem Unterbewusstsein voll und ganz als positiv abgespeichert. Sobald du die Situation von Anfang bis Ende so umerlebt hast, wie es jetzt stimmig für dich ist, kommst du wieder ins Hier und Jetzt zurück und öffnest deine Augen.

Positives Umerleben ist gerade am Anfang ein wichtiges Tool, weil wir zu Beginn oft noch in den alten Mustern agieren, doch wenn wir unsere Reaktionen Abend für Abend positiv umerleben, lernen wir neues positives Reagieren und Handeln. Mit der Zeit reagieren wir auch sofort im Alltag viel klarer, positiver und bleiben in unserer *Enjoy this Life*®-Persönlichkeit, auch wenn wir früher in solchen Situationen gewöhnlich in die Opferrolle gegangen wären. Ich persönlich kann euch allen diese Übung sehr ans Herz legen.

Eine Variante dieser Übung ist das positive Vorerleben. Diese Übung ist besonders gut geeignet für Menschen mit geringem Selbstbewusstsein, Menschen mit Ängsten oder solche, die in der immer gleichen Situation nicht ideal reagieren. Fühlst du dich angesprochen? Dann nutze diese einfache Übung, und bitte mache sie regelmäßig, wenn du zum Beispiel unter großen Ängsten leidest, jeden Tag für 5–10 Minuten.

ÜBUNG
Positives Vorerleben

Im Grunde ist die Übung sehr ähnlich wie das positive Umerleben, nur dass wir uns in Gedanken schon in Situationen begeben, die uns unangenehm sind oder uns Angst machen könnten oder einfach eine große Herausforderung für uns darstellen.

Ein Beispiel: Du musst aus beruflichen oder auch privaten Gründen vor einer größeren Menschengruppe eine Rede halten, und das ist für dich mit Ängsten oder Unsicherheit verbunden. Dann nimm dir jeden Tag ein paar Minuten Zeit und stelle dir in Gedanken immer wieder die Situation vor, doch natürlich in ihrer positiven Form. Visualisiere, wie du ruhig und gelassen vor den Menschen stehst und völlig entspannt »die Rede« hältst, und zwar ohne Probleme oder irgendwelche Zwischenfälle. Mache dies wirklich regelmäßig. So lernt dein Gehirn, dass es normal ist, ruhig und gelassen vor Menschen zu stehen. Selbstbewusstsein ist antrainiert und nicht angeboren. Selbstbewusste Menschen wiederholen einfach immer wieder Situationen, in denen sie ruhig und selbstbewusst auftreten, deswegen ist es für sie einfach normal geworden.

Das positive Vorerleben ist ein wunderbares Tool, um mit Situationen in Zukunft positiv umzugehen. Eine abgeänderte Version praktiziere ich regelmäßig. Ich hatte früher großen Respekt vor Interviews und dort vor allem vor unangenehmen Fragen. So habe ich oft während der Autofahrt Selbstgespräche geführt und mir selbst unzählige unangenehme Interviewfragen und auch Seminarfragen gestellt. Heute bringen mich solche Fragen kaum mehr aus der Ruhe, da ich es einfach gewohnt bin, auch auf »nervige, blöde, freche, unangenehme« Fragen zu antworten, und zwar so, wie ich das möchte, voll und ganz in der *Enjoy this Life®*-Persönlichkeit. Der Schlüssel zum Erfolg bei dieser Übung ist aber das regelmäßige Anwenden. Wenn du große Ängste und Unsicherheiten hast, dann verändern sich diese nicht schon nach zwei- bis dreimaligem Üben. Ideal ist es da, mindestens 30 Tage lang diese Übung mit demselben Thema zu machen. Damit dein Gehirn neue Verknüpfungen bilden kann. Diese Übung kommt aus dem Mentaltraining und gehört bei Sportlern zum Alltag. Fast alle erfolgreichen Sportler visualisieren ihren Erfolg schon lange im Voraus. Skifahrer fahren beispielsweise unzählige Male die Rennstrecke vorher mental ab, und zwar erfolgreich. Nutze nun auch du dieses wunderbare Tool!

Wie schätzt du dich selbst ein im Hinblick auf:

deine Fähigkeit zu meditieren?

_____
_____
_____
_____
_____

deine Fähigkeit, aktiv zuzuhören?

_____
_____
_____
_____
_____

deine Aufmerksamkeit?

dein Essverhalten?

deinen Umgang mit Konfliktsituationen?

Gesundheit, Heilung und Selbstheilung

Für mich ist, wie ich anfangs schon sagte, eine echte *Enjoy this Life*®-Persönlichkeit jemand, der möglichst in allen Lebensbereichen in Harmonie ist. Sei es in puncto Finanzen, Beziehungen zu Partner/Familie/Freunden, Beruf/Berufung, Gesundheit und vielem mehr. Doch gerade das Thema Gesundheit kann alle diese Bereiche extrem in Disharmonie bringen, vor allem dann, wenn wir unter einer Krankheit leiden.

Daher möchte ich einige Worte an die Leser richten, die unter einer chronischen oder schwerwiegenden Krankheit leiden, die ihr Leben bis jetzt wirklich beeinflusst hat. Bevor ich allgemeiner werde und dir sage, wie du deinen Körper stärken und zu deiner Gesundung beitragen kannst, hier zunächst das Wichtigste:

Höre auf, dich selbst als krank zu betrachten, sondern fertige lieber eine Liste der Tätigkeiten an, die du trotz deiner Symptome noch ausführen kannst.

Richte deinen Fokus dabei auf deine gesunden Körperstellen, die wunderbar funktionieren. Dann vergleiche sie mit deiner *Enjoy this Life*®-Persönlichkeit-Liste, in der du deine Rolle definiert hast (siehe Seite 42 ff.), und mache dir bewusst, was du trotz deiner Symptome noch alles bewerkstelligen kannst. Vielleicht hast du jetzt zwei bis drei Punkte, die du nicht (mehr) machen kannst, dann überlege dir, wie du sie entsprechend anpassen könntest. Zu 99 Prozent wirst du alles anpassen können, wenn du es wirklich willst. Indem du deine Einstellung veränderst, kann dein Körper auch die Selbstheilung besser aktivieren.

Das Wichtigste ist, dass du dich selbst nicht mehr als krank wahrnimmst. Höre auf, ständig diese Visitenkarte zu verteilen. Solange du so von dir denkst und das jedem mitteilst, wird sich dein Wohlbefinden nicht verbessern, und du erfährst auch keine Heilung. Als *Enjoy this Life*®-Persönlichkeit darfst du auch mal jammern, aber mache es ganz bewusst und bedenke dabei immer: Mit Jammern veränderst du deine Situation kein bisschen, das passiert nur, wenn du damit aufhörst und aktiv dein Leben umkrempelst und das Beste aus den gegebenen Umständen machst. Falls du jetzt unter einer Krankheit leidest, kannst du dennoch voll und ganz eine *Enjoy this Life*®-Persönlichkeit sein. Nur wenn du dich dagegen entscheidest, ist es nicht möglich. Es liegt also in deiner Hand, trotzdem glücklich und zufrieden zu werden, und vielleicht ist es ja genau das, was dein Körper braucht, um zu gesunden.

21. Tag
Selbstheilung

Egal, ob du Symptome hast oder nicht – ich empfehle dir dennoch, so oft es geht Selbstheilungsübungen zu machen. Falls dir die nachfolgenden Übungen zu esoterisch sind, dann lasse sie weg. Mache aber dennoch Dinge, die deine Selbstheilung aktivieren, denn ich bin immer noch der Überzeugung, wie schon im Abschnitt über Körperbewusstsein angedeutet, dass es wichtig ist, einen gesunden Körper zu haben, damit auch die Energie nach draußen getragen wird und wir so eine gesunde Resonanz schaffen. Beachte aber bei Heil- oder Selbstheilungsübungen, dass du ein mögliches Symptom nicht verschwinden lassen möchtest, sondern versuche dich immer auf Heilung im Allgemeinen zu fokussieren. Sonst ist dein Fokus in Wahrheit nicht auf Heilung, sondern auf den Mangel gerichtet.

Das ist eigentlich schon das Schwierigste bei dem ganzen Thema Heilen. Auch wenn du jemand anders Heilenergie überträgst – und dazu wird es eine Übung in diesem Kapitel geben –, dann betrachte den Menschen gedanklich als gesundes Wesen, schicke keinesfalls dem »kranken« Menschen oder dem Symptom die Heilung, sonst nährst du dieses nur.

ÜBUNG
Meditation für Heilenergie

Ich möchte dir mit der nächsten Übung eine kurze Meditation vorstellen, die du täglich durchführen kannst und die bei regelmäßiger Anwendung dein Immunsystem stärkt.

Setze dich bequem hin oder lege dich hin. Beobachte dann einen Moment lang deinen Atem. Nimm wahr, wie du ein- und ausatmest. Fühle, wie beim Einatmen deine Nasenflügel kühler sind und beim Ausatmen wärmer. Atme einfach für ein paar Minuten ein und aus und stelle dir vor, dass beim Ausatmen dein Körper sich mehr und mehr entspannt. Atme in deinem persönlichen Tempo ein und aus, ein und aus. (Pause 2–3 Minuten)

Bitte jetzt in Gedanken die geistige Welt, sich mit dir zu verbinden und dich mit ihrer liebevollen Energie zu umgeben. Vielleicht kannst du eine leichte Veränderung wahrnehmen, wenn die geistige Welt jetzt langsam liebevoll näher und näher kommt. Falls du nichts spüren kannst, mache dir keine Gedanken. Du bist dennoch liebevoll umgeben von der Energie der geistigen Welt. Stelle dir nun vor, wie du von dieser heilenden liebevollen Energie der geistigen Welt umgeben bist. Visualisiere mithilfe deiner Vorstellungskraft diese kraftvolle und heilende Energie der geistigen Welt. Mache dir bewusst, dass diese heilende Energie in deinen Körper hineinströmt. Du kannst dir zusätzlich vorstellen, dass du beim Einatmen diese heilende Energie einatmest und beim Ausatmen jegliche destruktive Energie und jede Verspannung ausatmest. Atme jetzt einfach für ein paar Minuten diese Heilenergie ein und lasse beim Ausatmen alles los. Bleibe entspannt in der heilenden Energie der geistigen Welt sitzen und genieße, wie dein Körper immer mehr und mehr in seine natürlichen Schwingungen zurückfindet. Mache dir bewusst, dass dein Körper gerade jetzt in diesem Moment Heilung auf der energetischen und körperlichen Ebene erfährt. Bleibe jetzt so lange in dieser Heilenergie, wie es für dich richtig und gut ist, und komme erst dann zurück, wenn du es möchtest.

Versuche diese Übung täglich 2–10 Minuten in deinen Alltag zu integrieren. Schon nach kurzer Zeit wirst du eine Veränderung feststellen können. Vielleicht verschwinden Symptome und Krankheiten nicht komplett, doch du wirst auf jeden Fall viel positiver und energievoller sein.

22. Tag
Wieso energetischer Schutz unnötig ist

Ich werde immer wieder von Seminarteilnehmern, aber auch über Facebook auf energetischen Schutz angesprochen. Die Leute fragen mich: »Pascal, wie kann ich mich schützen, und muss ich mich überhaupt schützen?« Oder sie erzählen mir: »Ich schütze mich, aber nachher geht's mir viel schlechter!«

Nun, es gibt die verschiedensten Schutzmethoden: Man kann zum Beispiel seine Aura ausdehnen; man kann sich vorstellen, in einer lichtvollen Kugel oder Pyramide zu sein; man kann Edelsteine benutzen oder Aurasoma oder Ähnliches.

Ich persönlich halte allerdings gar nichts von energetischem Schutz oder Schutzmethoden. Das ist für einige sicher ein kleiner Schock, außer für diejenigen, die bereits meine Bücher gelesen haben. Ich gehe sogar so weit zu sagen, energetischer Schutz ist Schwachsinn! Und ich sage euch auch gleich, warum: Überlegt doch mal, wir wissen, dass auf der Erde alles auf Resonanz basiert. Wenn ich mich nun schützen möchte und mein Hauptfokus auf dem Sich-Schützen liegt, dann setze ich ja automatisch voraus, dass es etwas Schlechtes gibt. Ich lebe also in dieser Dualität, aber mein Bewusstsein ist so nicht auf das Positive gerichtet, sondern nur auf das Negative. Gerade Menschen aus der spirituellen Szene neigen hin und wieder zu dieser übertriebenen Haltung, die oft im Negativen gipfelt. Das ist ein richtiger Teufelskreis. Jeder, der das Gefühl hat, er braucht Schutz, hat im Grunde Angst, ist unsicher und grenzt sich im Extremfall von seinen Mitmenschen ab. Nur wer sich bedroht fühlt, schützt sich. Noch einmal: Der Wunsch oder das starke Bedürfnis nach Schutz entsteht immer aus einer Angst heraus. Ich muss mich vor dir schützen heißt, du bist nicht gut (und ist somit eine Bewertung)! Unbewusst habe ich das Gefühl, ich bin gut und meine Energien sind gut, die anderen Menschen sind schlecht, von ihnen gehen nur schlechte Energien aus. Das Paradoxe ist nun, je mehr wir uns schützen, desto schlechter geht es uns.

Ich höre immer wieder von Seminarteilnehmern, dass sie ungern unter Menschen gehen, sich in größeren Gruppen unwohl fühlen, schon bloßes Einkaufengehen überfordert und stresst sie. Sie haben das Gefühl, dass tonnenweise fremde Energien an ihnen hängen. Ganz ehrlich: Diese Leute, die sich schützen, weil sie Angst haben, sind vor allem depressiv. Dadurch schrumpft ihre Aura. Wenn wir uns aber ausdehnen und unsere Aura entfaltet sich, wenn wir sagen: »Okay, alles ist gut, es gibt nur verschiedene Energien«, dann ist die Resonanz auch entsprechend positiv.

Noch ein weiterer Punkt zum Thema Energie. Viele Leute behaupten, es gäbe Energievampire, Menschen, die anderen die Energie aussaugen. Die bloße Vorstellung bringt mich immer wieder zum Schmunzeln. Wir wissen ja, der Mensch ist zu hundert Prozent reine Energie. Wir wissen auch aus der Physik, dass man Energie nicht auflösen oder zerstören, sondern nur verändern kann. Ich stelle mir dann also immer bildlich vor, wie ich jemandem Energie absauge (gesetzt den Fall, ich könnte das). Was müsste dann rein theoretisch passieren? Nun, ganz einfach, vielleicht würden die Ohren verschwinden oder die Finger oder auch der Bauch, was manchmal gar nicht so schlecht wäre :-). Nur passiert das eben nicht. Wir können niemandem Energie absaugen, denn sonst würde auch wirklich unser physischer Körper, der ja wie gesagt zu hundert Prozent aus Energie besteht, schrumpfen oder sich auflösen.

Natürlich gibt es Situationen, in denen man mit einem Menschen zusammen ist, sich unterhält und irgendwann merkt, dass man immer müder und müder wird und sich nach dem Gespräch richtig ausgelaugt fühlt. Mir ist aber in diesem Zusammenhang bewusst geworden, dass mir das noch nie bei einem sympathischen Zeitgenossen passiert ist, sondern immer nur bei Unsympathen. Das bedeutet wiederum, dass kein Mensch auf dieser Welt dir Energie klauen kann, doch wenn du jemanden als unsympathisch oder auch als neutral eingestuft hast, kann es geschehen, dass du nach einem Treffen völlig erledigt bist. Daran ist dann aber deine Einstellung schuld und nicht die Person selbst.

Was kannst du dagegen tun? Ändere einfach deine Einstellung zu der Person, versuche, sie sympathisch zu finden, suche nach positiven Zügen bei dieser Person oder bemühe dich, so weit mit ihr klarzukommen, bis du sie tatsächlich sympathisch findest. Ich weiß natürlich, dass das nicht immer möglich ist. Dann hast du aber noch eine andere Option: Triff dich nicht mehr mit dieser Person. Was aber, wenn es sich um deinen Chef handelt? Nun, du arbeitest freiwillig dort, im schlimmsten Fall musst du dir eine neue Stelle suchen. Aber besser wäre natürlich zu schauen, was für eine Resonanz in dir drin ist, dass du mit XY nicht klarkommst. Dann lernst du sehr viel über dich selbst, wenn du merkst, dass die Lösung eigentlich in dir steckt und nicht in den anderen.

Energieraubend kann allerdings auch ein bestimmtes Thema sein, das immer wieder durchgekaut wird. Beispielsweise hast du Menschen in deinem Umfeld, die ständig davon reden, dass sie Gewicht verlieren möchten oder endlich mit dem Rauchen aufhören wollen, oder sie wollen seit gefühlt hundert Jahren etwas für ihre körperliche Fitness tun, aber ... Die alte Leier eben. Da bleibt dir im Grunde nur, den Partner oder Freund oder Bekannten liebevoll darauf aufmerksam zu machen, dass dich dieses Thema nervt und du dich lieber über etwas anderes unterhalten möchtest.

Aber auch hier gilt: Nicht die Person oder das Thema klaut dir die Energie, sondern deine Einstellung zum Thema ist entscheidend.

Mache dir bewusst: Du brauchst keinen Schutz, denn du bist eine lichtvolle Persönlichkeit!

23. Tag
Selbstliebe

Ein ganz einfacher Weg, um Selbstliebe zu lernen und zu fördern, besteht für mich nicht nur darin, seine Seele zu pflegen, sondern auch seinen Körper. Darüber habe ich ja schon am 8. Tag gesprochen, als es darum ging, weshalb du dich überhaupt pflegen solltest. Wichtig ist dabei, dass du dir selbst etwas Gutes tust, dich und deinen Körper auch im Alltag respektvoll und vor allem rücksichtsvoll behandelst. Dazu zählt für mich auch, dass du deinem Körper regelmäßige Ruhepausen gönnst, damit er im Schlaf regenerieren und Energie auftanken kann. Leider wird das oft viel zu wenig beachtet, nicht selten erst dann, wenn man unter Schlafstörungen leidet oder am Morgen nicht mehr so erholt ist, wie man es gern hätte. Und gut »mit sich« schlafen ist auch eine Form der Selbstliebe.

Bevor ich dir gleich ein paar Tipps gebe, wie du deinen Schlaf optimieren kannst, möchte ich als Erstes mal ganz profan auf dein Schlafzimmer eingehen.

Aus meiner persönlichen Sicht sollte man keine elektrischen Geräte im Schlafzimmer haben, wie Radio, Radiowecker, Fernseher, Computer oder Ähnliches. Natürlich ist mir bewusst, dass es manchmal aus Platzgründen nicht anders möglich ist. Doch für alle, die genügend Platz in der Wohnung haben, gilt: Bitte stellt alles raus. Ich bin kein Elektrosmogfanatiker wie gewisse andere Kollegen, doch sicher sind die Strahlen auf Dauer nicht ideal, vor allem nicht in der Nacht. Also alles raus aus dem Schlafzimmer, und falls es nicht möglich ist, kaufe dir wenigstens Stromleisten, die man mit Kippschalter ganz leicht ausschalten kann, sodass kein Strom mehr fließt. Damit sparst du sogar noch Geld. Bitte auch kein Handy auf dem Nachttisch neben dem Bett liegen haben, höchstens im Flugmodus, oder wenn du erreichbar sein musst, lege dein Handy in das Nachbarzimmer und lasse die Tür offen.

So, jetzt aber zu den Tipps, die wichtig sind, damit auch du dich in Zukunft an einem guten Schlaf erfreuen kannst.

TIPPS
für gesunden Schlaf

1. Räume dein Schlafzimmer auf. Im Idealfall sollten sich nur Kleiderschrank und Bett im Schlafzimmer befinden. Also entrümple mal dein Schlafzimmer. Bei vielen sieht es aus wie in einer Rumpelkammer, wo sich die Wäscheberge türmen, Bügelwäsche herumliegt oder wo unter dem Bett viele Dinge verstaut werden. Bedenke: Alles, was sich unter deinem Bett befindet, auch wenn es versteckt in Schubladen liegt, hat eine Energie, und du liegst jede Nacht darauf. Es sollte wirklich so wenig wie möglich in deinem Schlafzimmer sein, weil wir in der Nacht unsere Aura ausbreiten und dadurch noch empfänglicher sind.

2. Reinige dein Schlafzimmer sowohl physisch wie auch energetisch. Wie das geht, hatten wir ja schon bei der dritten Säule »Entrümpeln«.

3. Achte darauf, welche Bilder oder Fotos an den Wänden hängen. Welche Grundstimmung wird darauf gezeigt? Entferne alles, was nicht harmonisch und ruhig ist.

4. Bei massiven Schlafstörungen empfehle ich, dein Bett zu verschieben, vielleicht liegst du auf einer Wasserader oder Erdverwerfung. Hast du einen Hund, dann räume mal dein ganzes Schlafzimmer aus. Der Hund legt sich immer an den energetisch besten Platz für uns Menschen. Dort, wo der Hund sich so richtig ausstreckt und entspannt schläft, ist der beste Platz für dein Bett. Katzen suchen sich immer den energetisch schlechtesten Platz für uns Menschen aus. Wenn deine Katze gern in deinem Bett schläft, ist schon relativ klar, dass dort nicht die besten Energien für dich als Mensch vorherrschen. Für die Katze schon. Viele erzählen mir: »Ach, meine Katze schläft aber nur unten bei den Füßen, die stört nicht.« Ich frage dann: »Wie sieht es mit Krampfadern aus? Unterleibsschmerzen? Unterem Rücken? Prostata? Potenz? Oder allem, was die unteren Körperpartien betrifft?« Häufig finden sich dort Defizite, bei Paaren nicht immer bei beiden, aber oft bei einem. Wenn die Katze zum Beispiel nur bei den Füßen schläft, kann es ein Indiz dafür sein, dass eine Erdverwerfung oder Wasserader das Bett genau in der Mitte durchteilt. Viele Klienten erfuhren Heilung nur, indem sie das Bett an einen anderen Platz stellten. Es gibt natürlich auch Menschen, die diese Energien herauspendeln können und dir sagen, wo sie durchlaufen, oder sie gar entstören können. Doch die günstigste Variante ist ein Hund und das Bett umzustellen. Gerade beim Entstören von Energien wird vieles auf dem Markt angeboten, das sehr teuer und einfach nur Müll ist.

5. Reinige von Zeit zu Zeit deine Matratze, sowohl physisch als auch energetisch, beispielsweise durch Ausräuchern oder indem du sie für ein paar Stunden in die Sonne legst. Wechsle regelmäßig deine Bettwäsche, und ich meine damit nicht zweimal im Jahr. Frage dich selbst: Ist es nicht viel schöner, in einem frischen Bett zu schlafen? Ich persönlich finde auch, Haustiere gehören nicht ins Bett.

6. Achte darauf, welche Sendungen du vor dem Einschlafen im Fernsehen anschaust, welche Musik du hörst oder welches Buch du liest. Oft nehmen wir die letzten Gedanken mit ins Bett, und dort werden sie vom Unterbewusstsein weiterverarbeitet. Lies inspirierende Texte und schaue dir keine sinnlosen Fernsehsendungen an.

7. Diskutiere und streite nie in deinem Bett oder Schlafzimmer. Auch nicht bei den Kindern. Denn diese Energie wird freigesetzt und lässt uns schlecht einschlafen und vor allem schlecht erholen.

Dies waren nur einige Tipps, achte jetzt darauf, was dir guttut und was dich besser und erholter schlafen lässt. Ich selbst trinke sehr gern am Abend noch Gerstengrassaft, den es in Pulverform in jedem Reformhaus zu kaufen gibt. Auch tagsüber trinke ich ihn oft. Er ist unglaublich gesund, und ich schlafe dann viel besser. Ich würde jedem mit Schlafproblemen empfehlen, es mal auszuprobieren. Es dauert ein paar Tage, bis sich die Wirkung einstellt, doch vielen hilft es. Achte auch auf genügend hochwertiges Magnesium und Kalzium. Du kannst dir gar nicht vorstellen, wie viele Menschen täglich Schlafmittel nehmen, dabei haben sie nur einen Magnesium- und Kalziummangel. Bevor du zu Tabletten greifst, probiere es mal aus und achte auf hochwertige Nahrungsergänzung.

Last, but not least kannst du natürlich auch noch auf nächtliche Suggestionen zurückgreifen, die du vom Einschlafen bis zum Aufwachen abspielst. Es gibt eine CD von mir speziell zum Thema Schlafstörungen (Gesunder Schlaf).

Mache dir bewusst, dass Selbstliebe kein Egotrip ist, sondern nur oft mit diesem Makel des Ego behaftet ist. Praktiziere die Selbstliebe in Kleinigkeiten, wie bewusst zu duschen oder deinen Körper zu pflegen, bewusst zu essen und dir auch dein Essen mit Liebe zuzubereiten, den Tisch schön einzudecken, vielleicht sogar ein paar Blumen auf den Tisch zu stellen. Achte außerdem auf deine Kleidung, dass sie ebenfalls gepflegt ist und gut sitzt (sie ist auch eine Visitenkarte). Belohne dich mal ab und zu, indem du dir selbst vielleicht ein Schmuckstück oder einen Blumenstrauß schenkst oder einen edlen Tropfen genießt. Du kannst auch in ein schönes Restaurant essen gehen, mal einen Tagesausflug unternehmen. Oder dir eine Massage gönnen, das trägt nicht nur enorm zum Wohlbefinden bei, sondern hat den zusätzlichen Effekt, dass deine Energie wieder besser in den Fluss kommt oder körperliche Schwachstellen gezielt behandelt und Blockaden gelöst werden. Entweder lässt du dich an der betreffenden Stelle zum Beispiel vom Partner oder von einem Profi massieren, oder du massierst dich selbst. Es hört sich vielleicht komisch an, doch gerade wir im Westen berühren uns oft viel zu wenig. Aus zahlreichen Studien wissen wir, dass Kinder, die oft gestreichelt und berührt werden, viel gesünder sind und sich auch seelisch wohler und ausgeglichener fühlen. Falls du keinen Partner hast, dann berühre dich regelmäßig selbst. Das kannst du nach dem Duschen tun, wenn du dich eincremst, oder auch abends im Bett, wenn es dir schwerfällt, das Gedankenkarussell anzuhalten. Einfach sich selbst ein bisschen zu streicheln und zu massieren aktiviert nicht nur die Selbstliebe, sondern bringt unsere Energie wieder zum Fließen und löst ebenfalls Blockaden auf. Und danach schläft es sich auch garantiert besser – eben ganz wie eine *Enjoy this Life*®-Persönlichkeit!

24. Tag
Werde Heiler im Alltag

Dies ist eine meiner Lieblingsübungen, die auch bei meinen Seminarteilnehmern stets gut ankommt. Früher habe ich ja auch Menschen in Medialität und geistigem Heilen ausgebildet. Inzwischen gebe ich zu diesen Themen nur noch Wochenendseminare oder Intensiv-Wochen, mache aber keine Ausbildungen im eigentlichen Sinn mehr, da ich immer wieder die Botschaft erhielt, dass die Welt nicht noch mehr »Medien & Heiler« braucht, sondern mehr Heiler im Alltagsleben und nicht in einer Praxis. Ich teile inzwischen diese Meinung: Es sollte viel mehr Heiler im Alltag und viel mehr glückliche Menschen geben, die ihre *Enjoy this Life*®-Persönlichkeit entfaltet haben. Ich bin mir sicher, dann würde sich vieles auf der Welt verändern.

Doch was meine ich konkret mit Heiler im Alltag? Menschen, die ihre *Enjoy this Life*®-Persönlichkeit tagein, tagaus leben, indem sie selbst glücklich und zufrieden sind und dies auch mit den Menschen im Alltag teilen.

Stelle dir vor, an der Supermarktkasse würde dich eine Verkäuferin begrüßen, die glücklich ist und einen Chef hat, der ebenfalls glücklich ist, und natürlich auch glückliche, zufriedene Kunden – wie würde wohl ein Arbeitstag von ihr aussehen? Wie würde es für Kunden sein, bei dieser Kassiererin zu bezahlen? Ich habe jetzt nur die Kassiererin als Beispiel gewählt – man könnte dies auf jeden Beruf ummünzen –, weil ich gerade bei einem Discounter einkaufen war: Das Arbeitstempo, mit dem die Kassiererinnen die Produkte über den Scanner ziehen müssen, erzeugt Stress, den du als Kunde voll abbekommst. Die Kassiererinnen wiederum bekommen den Frust der Kunden voll ab – das ist ein energetischer Bumerang, und niemand ist glücklich.

Und jetzt stelle dir mal vor, es gäbe überall *Enjoy this Life*®-Persönlichkeiten – meinst du nicht auch, dass dies die Welt verändern würde? Mir ist bewusst, dass das vielleicht nur ein Wunschtraum von mir ist, aber jemand muss den Anfang machen, und ich hoffe, du bist ab heute mit dabei. Wir alle können Heiler im Alltag sein. Alles, was dazu nötig ist, sind einfach ein bisschen Kreativität und der Wunsch, anderen etwas Gutes zu tun. Deswegen schreibe ich dir ein paar Übungen zur Inspiration auf, wie auch du ganz leicht Heiler im Alltag sein kannst. Für einige der Übungen brauchst du etwas Geld, für andere nicht. Ich versuche, sie so zu gestalten, dass für jeden etwas dabei ist.

Wichtig ist bei den Übungen, dass du es wirklich von Herzen machst und nicht nur, weil es im Buch drinsteht. Dass es dir Freude bereitet, denn sonst merken die Menschen um dich herum, dass es nicht echt ist. Sicher kennst du auch Menschen in deinem näheren und weiteren Umfeld, die zwar nett sind, doch man spürt irgendwie, dass sie nicht authentisch sind. Als *Enjoy this Life*®-Persönlichkeit solltest du immer möglichst echt sein und anderen nie etwas vorspielen, und wenn du mal einen schlechten Tag hast, dann darfst du den haben. Wichtig ist dabei nur, nicht in der schlechten Energie zu versinken, sondern sie wahrzunehmen und sie so schnell es geht wieder hinter sich zu lassen und in die *Enjoy this Life*®-Energie zu gehen.

ÜBUNGEN
Anderen Gutes tun

1. Als *Enjoy this Life®*-Persönlichkeit solltest du es dir angewöhnen, mit so vielen Menschen wie möglich geduldig und höflich zu sein. Dass das nicht immer leicht ist, weiß ich aus eigener Erfahrung. Doch mir gelingt es meistens dann nicht, wenn ich aus irgendwelchen Gründen in Stress gerate und dadurch meine *Enjoy this Life®*-Persönlichkeit verliere.

2. Beginne damit, Menschen auf der Straße wieder zu grüßen und ihnen einen wunderbaren Tag zu wünschen, allein die oft sehr verdutzten Gesichter zeigen schon, dass dies leider in gewissen Ländern, Städten oder Dörfern nicht der Normalzustand ist. Nimm es nicht persönlich, falls du nur eigenartig angeschaut wirst und nicht zurückgegrüßt wirst. Ich bin mir sicher, auf irgendeiner Ebene erreicht man damit die Menschen.

3. Höre anderen Menschen wieder bewusst zu. Diese Übung kennst du ja schon von der Meditation über aktives Zuhören. Denn vielen Menschen fehlt jemand, der für sie da ist und einfach nur zuhört. Diese Übung ist auch besonders spannend mit fremden Menschen.

4. Bedanke dich wieder öfter, auch für Dinge, die dir oder vielen Menschen als selbstverständlich erscheinen. Beispielsweise bei einem Verkäufer oder einem Kellner, der dich besonders gut bedient hat, bei jemandem, der dir einen Tipp gegeben hat, oder bei einem Handwerker, der bei dir zu Hause war, und natürlich auch bei deinem Partner oder deinen Kindern. Auch für alltägliche kleine Dinge.

5. Falls dich jemand auf der Straße um Geld für Essen bittet, gib ihm nicht das Geld, sondern gehe mit ihm essen. Oder lade einfach mal einen Fremden auf einen Kaffee ein.

6. Bezahle mal an der Kasse für die Person hinter dir mit. Da wirst du viele erstaunte Gesichter zu sehen bekommen.

7. Falls du weißt, dass es in deiner Nachbarschaft jemand mit wenig Geld gibt, lege ihm zum Beispiel an Weihnachten anonym ein Geschenk in den Briefkasten oder einen Umschlag mit einem Gutschein oder Geld.

8. Oder lade an Weihnachten bewusst Menschen zum Fest ein, von denen du weißt, dass sie allein sind.

9. Trage einer älteren Person die Einkaufstasche zum Auto oder zur Wohnungstür. Hier muss man allerdings ein bisschen vorsichtig sein. Viele bekommen Angst und denken, man möchte sie überfallen oder die Tasche klauen. Da habe ich schon schlechte Erfahrungen gemacht.

10. Wenn jemand in deinem Dorf/deiner Stadt umzieht und du siehst, dass sie schwer zu tragen haben, gehe spontan hin und packe mit an.

11. Halte fremden Menschen wieder die Tür auf und grüße sie.

12. Mache Menschen auf der Straße oder im Geschäft Komplimente, die du aber ernst meinst und die ehrlich sind.

13. Übernimm als Freiwilliger Dienst in einer Sozialeinrichtung oder frage mal im Krankenhaus oder Altersheim nach, ob du Menschen besuchen kannst, die allein sind.

14. Schreibe spontan deiner Familie, deinen Freunden und Bekannten einen Brief und bedanke dich. Sage ihnen, wie wichtig sie dir sind. Gerade im Bekanntenkreis und auch in der Familie vergessen wir das oft, doch ein, zwei kurze Sätze können da Wunder bewirken.

15. Setze alles daran, selbst glücklich und zufrieden zu werden und voll und ganz deine *Enjoy this Life*®-Persönlichkeit auszuleben, dann wird sich deine Energie auch früher oder später auf dein Umfeld übertragen, und du wirst zu einer Person, mit der man gern zusammen ist, weil du einfach guttust, allein weil du so bist, wie du bist.

16. _____
_____
_____
_____
_____

17. _____
_____
_____
_____
_____

Dies waren nur ein paar Anregungen. Ich bin mir sicher, dass dir ziemlich schnell eigene Ideen kommen, die du vielleicht aufschreiben magst, und du meine Inputs noch ausbauen und anpassen kannst. Wenn du magst, versuche mindestens einmal pro Tag Heiler im Alltag zu sein. Du wirst merken, es macht unglaublich Spaß, und du erhältst durch die Freude der anderen auch ganz viel zurück.

25. Tag
Geistiges Heilen

Energetische Heilung kannst du nicht nur für dich selbst nutzen, sondern auch, um einem anderen Menschen eine Heilbehandlung direkt oder in Form einer Fernheilung zukommen zu lassen. Heilung zu schenken hat gleich mehrere Vorteile: Wenn du es richtig machst, dann erfährt nicht nur die Person, der du Heilung schenkst, Heilung, sondern auch immer du selbst, da die Energie ja durch dich hindurchfließt. Auf diese Weise wird natürlich auch jedes Mal deine Selbstheilung aktiviert, und dein Energiesystem wird mit neuer Energie aufgeladen. Außerdem ist es ein Gesetz – je mehr du gibst, desto mehr wirst du auch erhalten. Doch deine Absicht dahinter sollte nicht das Erhalten sein, sondern dass du einfach jemandem etwas Gutes tun willst, am besten ohne etwas zurückzuerwarten. Wenn du zum Beispiel ein Gebet für jemanden sprichst, ist das schon eine Art geistige Heilung. Dieselbe Wirkung erzielst du, indem du jemandem einen Engel, Geistführer oder einen Gott als Unterstützung schickst. Ein positiver Wunsch mit einer guten Absicht kommt immer als Energie an, auch wenn man vielleicht nicht sofort ein Ergebnis sieht. Beim Heilen kann man im Grunde nicht viel verkehrt machen.

Was geschieht beim geistigen Heilen? Letzten Endes ist es einfache Physik – wir wissen von der Physik: Zwei Energien im selben Raum müssen sich immer angleichen, das heißt, eine höher schwingende Energie und eine tiefer schwingende Energie pendeln sich in der Mitte ein und schwingen genau gleich hoch. Deswegen ist es entscheidend, dass wir uns mit der geistigen Welt oder der Göttlichen Energie verbinden, weil sie einfach von Natur aus viel höher schwingt als die von uns Menschen, sprich: Unsere Energie ist nicht stark genug, um einen Energieausgleich herzustellen. Wenn der »Heiler« sich mit dieser höheren Energie verbindet, wird im Grunde das Energiefeld des Heilers in eine höhere Schwingung versetzt. Kommt es nun in Berührung mit dem »Klienten«, wird es das Energiefeld des Klienten ausgleichen, und dieses wird automatisch ebenfalls in eine höhere Schwingung gebracht und pendelt sich in der natürlichen Schwingung ein. Sprich: Die Selbstheilung wird dadurch aktiviert und der Körper in Harmonie versetzt. Eigentlich heilt nie der Heiler, sondern es werden immer nur Selbstheilungskräfte aktiviert. Der Klient ist nach jeder Heilbehandlung wieder in seiner natürlichen Schwingung. Wenn er jetzt nicht wieder in seine alten Muster, Blockaden und Denkstrukturen zurückfällt, ist eine absolute Heilung von Krankheiten und Symptomen möglich.

Als *Enjoy this Life*®-Persönlichkeit weißt du längst, dass sich sowohl körperlich wie auch im Außen keine »Heilung« einstellen kann, wenn wir nicht unser Leben verändern. Das ist auch der Grund, warum manche Menschen Heilung erfahren und andere nicht. Jetzt fragen sich vielleicht einige: »Das ergibt Sinn, wenn der Heiler und der Klient im selben Raum sind, doch wie soll das bei der Fernheilung funktionieren?« Ganz einfach: Durch die Quantenphysik wissen wir, dass es im Grunde Raum und Zeit nicht gibt, sondern dass wir durch unsere Gedanken einen Raum erst entstehen lassen. Das heißt, wenn du an eine Person denkst, auch wenn diese in einem anderen Raum ist, entsteht so etwas wie ein »Gedankenraum«, und laut Quantenphysik befindet ihr euch im selben Raum. Dadurch ist Fernheilung genauso wirksam, als wärt ihr physisch im selben Raum. Ich hoffe, du kannst nun durch meine Erklärung nachvollziehen, wie geistiges Heilen funktioniert und warum es so wichtig ist, sich mit einer höheren Energie zu verbinden.

Bevor ich zum Übungsteil komme, in dem wir uns aktiv dem Fernheilen zuwenden, möchte ich dir vorab noch verschiedene Methoden für Fernbehandlungen vorstellen. Ich werde dir einige kurz erklären, und dann kannst du wählen, welche für dich die richtige ist. Noch ein Hinweis: Fernheilung oder auch Heilbehandlungen sind nicht nur etwas für kranke Menschen. Du kannst diese auch einfach immer dann machen, wenn du einem anderen etwas Gutes tun willst. Außerdem lassen sie sich nicht nur bei Menschen anwenden, sondern auch bei Tieren oder sogar für Lebenssituationen, die in deinem oder im Leben von anderen nicht in Ordnung sind. Wichtig ist dann nur, dass du ein Blatt Papier nimmst und darauf stichwortartig das Thema notierst und dieses dann als Fokus benutzt.

Die erste Methode bei der Fernbehandlung ist, dass du dir die Person vorstellst, der du gern Heilung schicken willst. Das funktioniert aber nur, wenn du die Person sehr gut kennst und du sie dir leicht in Erinnerung rufen kannst, sonst eignet sich die Methode nicht.

Alternativ kannst du auch einen Zettel nehmen und den Namen der Person draufschreiben – du kannst Vor- und Nachname und wenn du magst auch noch das Geburtsdatum notieren, aber der Vorname würde schon reichen.

Falls du ein Foto von der Person (oder dem Tier) hast, kannst du auch dieses als Fokus benutzen. Wichtig ist beim Fernheilen nur, dass es einen Fokus gibt, damit du, wenn du an die Person denkst, einen gemeinsamen Raum kreierst.

Und nun lasse uns zu der Übung kommen. Du kannst diese Übung so oft du willst wiederholen, immer dann, wenn dir danach ist.

ÜBUNG
Fernheilkräfte aktivieren

Bevor wir mit der ersten Fernheilung beginnen, wähle bitte eine Person aus, der du gern Heilung schicken möchtest. Dann wähle von meinen Beispielen oben den Fokus, der dir am meisten zusagt: Vorstellung, Namenszettel oder Foto. Sobald du deinen Fokus gewählt hast, nimm ihn bitte zwischen deine Hände.

Setze dich bequem hin, wenn du möchtest, kannst du dich auch hinlegen. Gehe dann mit deiner Aufmerksamkeit zu deinem Atem und beobachte zunächst nur deinen Atem. Lasse Stille und Ruhe in deinen Körper und deine Gedanken einkehren. Lasse dir Zeit dafür. Beobachte einfach weiter deinen Atem. Lasse die Gedanken, die kommen, vorbeiziehen. Bitte dann in Gedanken deine Helfer aus der geistigen Welt zu dir. Bitte Gott, Engel oder Geistführer, sich mit dir zu verbinden. Vielleicht kannst du schon eine Veränderung der Energie wahrnehmen. Auch wenn du es nicht spüren kannst, sei dir bewusst, dass du gerade mit deinen Helfern verbunden bist. Nun bitte in Gedanken, dass heilende Energie durch dich hindurch zu der Person oder Situation fließen möge, deren Fokus du in deinen Händen hast, zum Wohle aller Beteiligten. Bleibe dann für ein paar Minuten in dieser Verbindung und mache dir bewusst, dass heilende Energie durch dich hindurchfließt.

Falls Gedanken auftauchen und dich ablenken, die nichts mit der Übung zu tun haben, richte deine Aufmerksamkeit wieder auf die Verbindung und sage dir innerlich: »Heilende Energie fließt zum Wohle aller Beteiligten durch mich hindurch ...« Ich wiederhole diesen Satz für mich immer wieder, wenn ich merke, dass meine Gedanken mich ablenken. Dann, wenn du das Gefühl hast, es ist Zeit zurückzukehren, mache dies in deinem eigenen Tempo. Bedanke dich bei der geistigen Welt oder der Göttlichen Energie für die heilende Energie.

Komme dann zurück und öffne deine Augen, wenn es sich für dich richtig und gut anfühlt.

Wie schätzt du dich selbst ein im Hinblick auf:

deine Selbstheilungskräfte?

_____
_____
_____
_____
_____

deinen Umgang mit »Energievampiren« oder herausfordernden Situationen?

_____
_____
_____
_____
_____

deine Fähigkeit zur Selbstliebe?

_____
_____
_____
_____
_____

Heiler im Alltag zu sein?

deine Fähigkeit zu geistigem Heilen?

Enjoy this Life®-Persönlichkeit in den Alltag integrieren

Lieber Leser, den Hauptteil dieses Buches und auch die wichtigsten Übungen hast du hinter dir. Im Idealfall hast du die Übungen nicht nur einmal gemacht, sondern über einen Zeitraum von fast vier Wochen. Außerdem hast du von mir viele Tipps und Anregungen erhalten und vor allem Informationen, die du brauchst, um deine *Enjoy this Life®*-Persönlichkeit zu kreieren und zu leben.

In den abschließenden fünf Tagen soll es nun verstärkt darum gehen, wie du deine *Enjoy this Life®*-Persönlichkeit noch mehr zum Teil deines Alltags machen kannst. Zusätzlich möchte ich dir noch ein paar Hilfetools an die Hand geben, die dich dabei unterstützen sollen, noch mehr aus deinem Leben herauszuholen.

26. Tag
Integrieren: Körper

Über den Körper und das Körperbewusstsein haben wir ja schon ausführlich gesprochen. Doch bei meinem Onlinekurs zum Thema *Enjoy this Life*® hat eine Teilnehmerin mir mitgeteilt, dass sie etwas vermisst hätte, und das wäre das Fasten.

Ich fand dies einen sehr guten Input, deswegen möchte ich an dieser Stelle kurz darauf eingehen.

Ich persönlich lege immer ein- bis zweimal im Jahr eine Fastenzeit ein, einfach um meinen Körper auch von innen richtig zu reinigen. Dazu eignen sich verschiedene Methoden, und es gibt gute Bücher darüber. Sogar Kurse oder Fastenwochen werden angeboten. Diese kann ich dir – besonders wenn du das erste Mal über einen längeren Zeitraum fasten möchtest – nur ans Herz legen. Da das Thema sehr komplex ist, möchte ich mich hier nur auf einige Punkte beschränken, warum ich Fasten auch für eine *Enjoy this Life*®-Persönlichkeit als sinnvoll betrachte, und dir am Ende einen Fastentipp geben, der für jeden leicht umsetzbar ist.

Wenn wir fasten, entlasten und reinigen wir nicht nur unseren Körper, sondern auch unseren Geist. Wusstest du, dass ein Großteil unserer Körperenergie für die Verdauung gebraucht wird, wenn wir »normal« essen? Mir war dies nicht bewusst. Doch als ich meine erste Fastenkur machte, merkte ich sehr schnell, wie der Prozess meinen Körper reinigte und auch mein Geist viel klarer wurde. Meine Kur erstreckte sich über mehrere Tage. Ich gebe es zu, die ersten zwei Tage waren unglaublich schwer, und ich stieß an meine Grenzen. Aber danach stellte sich in meinem Geist und in meinem Körper eine Leichtigkeit ein. Ich fühlte mich nach der Fastenkur auch viel wohler und vitaler. Sie kann dir wirklich helfen, deine *Enjoy this Life*®-Persönlichkeit besser zu integrieren und außerdem alte Themen nicht nur physisch loszulassen, sondern auch auf der geistigen Ebene.

Da ich nicht weiß, mein lieber Leser, wie es dir gesundheitlich geht und in welchem Zustand du dich gerade befindest, empfehle ich dir, nicht gleich einen Fastenkurs von mehreren Tagen zu besuchen und keinesfalls in Eigenregie tagelang zu fasten. Wenn du fasten möchtest, suche dir einen geeigneten Therapeuten oder sprich mit deinem Arzt darüber. Diese können dich kompetent beraten. Falls du Medikamente nimmst, kläre vorher ab, ob du überhaupt fasten darfst. Doch für den Anfang möchte ich dir einen Tipp geben, wie du zunächst mal einen Fastentag einlegen kannst. Denn wenn wir einmal die Woche oder einmal im Monat auch nur einen Tag fasten, kann das unseren Körper schon unglaublich entlasten.

Das Fasten kann auf unzählige Arten erfolgen. Ich gebe dir hier zwei, drei Inspirationen, ein paar sind Beispiele für typisches Fasten, ein paar eher ein Mittelweg. Probiere einfach das aus, womit du dich wohlfühlst. Wenn du merkst, dass es dir guttut, dann wirst du dich ohnehin selbst noch mehr mit diesem Thema beschäftigen wollen und dir deine eigene Fastenkur zusammenstellen.

Ehe du mit dem Fasten beginnst, solltest du einen Tag vorher nur leichte Kost zu dir nehmen. Also nichts, das schwer zu verdauen ist, wie zum Beispiel Milchprodukte, Fleisch, Süßigkeiten, viel Fett. Als Vorbereitung kannst du auch am Vorabend dafür sorgen, dass dein Darm komplett entleert ist, indem du Glaubersalz oder etwas Ähnliches als Abführmittel einnimmst. Oder was aus meiner Sicht angenehmer und ich denke auch gesünder ist: Mache dir einen Einlauf. Bei einem Einlauf kannst du auch Weizengrassaft oder Gerstengrassaft hinzufügen. Diese beiden sorgen zudem für ein gutes Säure-Basen-Milieu im Darm. Was ich außerdem ohnehin immer empfehle, sind Darmbakterien (die guten Bakterien) für eine gesunde Darmflora. Ich selbst esse aber keine Produkte wie Joghurt oder Ähnliches, die mit Darmbakterien angereichert sind, da ich Milchprodukte nicht für sinnvoll erachte.

Falls Fasten nichts für dich ist, können regelmäßige Einläufe dir helfen, deinen Darm zu entlasten und zu reinigen. Natürlich sollte man das nicht übertreiben und dann wirklich auch auf die Einnahme von guten Darmbakterien achten. Da gibt es inzwischen viele Produkte in Pulverform. Ich persönlich verwende am liebsten Probiosan. Falls du deinen Darm nicht entleeren möchtest, kannst du dennoch einen Fastentag einlegen.

TIPPS
für einen Fastentag

1. Trinke morgens als Erstes ein Glas lauwarmes Wasser mit dem Saft einer ausgepressten Zitrone oder auch einer Limette. Ideal wäre noch eine Prise Cayennepfeffer als Ergänzung. Nachmittags trinkst du ein weiteres Glas dieser Mischung.

2. Etwa 20–30 Minuten nach dem ersten Glas Zitronenwasser trinke ein weiteres Glas Wasser, diesmal mit zwei bis drei Esslöffeln Apfelessig. Achte dabei auf Bioqualität.

Enjoy this Life®-Persönlichkeit in den Alltag integrieren

3. Jetzt könntest du nochmals einen Einlauf machen, wenn du magst. Muss aber nicht sein.

4. Falls es dir möglich ist, gehe für eine halbe Stunde oder Stunde an die frische Luft spazieren, ich empfehle dir eh, den Fastentag an einem freien Tag einzulegen.

5. Du kannst jederzeit Wasser trinken oder auch mal einen grünen oder weißen Tee (ungesüßt). Zwischen 12 und 18 Uhr kannst du außerdem Gemüsesäfte (aber nur frisch gepresste) zu dir nehmen. Davon kannst du so viel trinken, wie du willst. Trinke zwischendurch aber auch immer wieder nur klares Wasser, damit du sicher auf 2–4 Liter klare Flüssigkeit kommst. Irgendwann am Nachmittag dann nochmals das Glas Wasser mit Zitronensaft, das ich oben schon erwähnt habe. Nach 18 Uhr solltest du keinen Tee und auch keine Gemüsesäfte mehr zu dir nehmen, sondern von nun an wirklich nur noch Wasser trinken.

Gönne dir an deinem Fastentag oder während deiner Fastenkur viel Zeit für dich, und gehe die Sache entspannt an. Nimm dazu oft lange und tiefe Atemzüge. Bedenke auch, dass du gerade am Anfang gereizt sein könntest, besonders wenn du es nicht gewohnt bist. Deswegen kann es wirklich auch von Vorteil sein, dein Zuhause nur für einen Spaziergang zu verlassen, auch damit du nicht von all den angebotenen Nahrungsmitteln verführt wirst. Verzichte möglichst auf Fernsehen und Nachrichten und alle destruktiven Medien. Mindestens einen Tag findet die Welt auch ohne dich statt. Höre lieber sanfte Musik, die dir guttut, und entspanne dich so oft es geht. Du kannst beispielsweise lange heiße Bäder nehmen oder gar ein Basenbad (erhältlich in jeder Apotheke oder Drogeriemarkt). Von großem Vorteil ist es außerdem, so oft es sich einrichten lässt vor 22 Uhr schlafen zu gehen. Denn zwischen 22 Uhr und 2 Uhr früh schüttet dein Körper heilende Hormone aus. Man sagt, jede Stunde, die du vor Mitternacht schläfst, macht dich gesünder und vitaler.

Falls dir diese Art zu fasten zu krass ist, kannst du auch einen Apfeltag oder Obsttag einlegen. Dazu brauchst du nur von morgens bis etwa 18 Uhr ausschließlich Äpfel oder anderes Obst zu essen und Wasser zu trinken. Ich persönlich finde das fast schlimmer, doch es gibt viele, denen das Fasten so viel leichter fällt. Aber du musst für dich selbst herausfinden, welche Methode zu dir passt.

Wichtig ist, am Fastentag nichts sonst zu dir zu nehmen und natürlich auf Kaffee, Nikotin, Alkohol oder andere berauschende Substanzen zu verzichten. Doch ich denke, das versteht sich von selbst.

27. Tag
Integrieren: Entrümpeln

Du hast ja beim Thema Loslassen bereits die Menschen aussortiert, die nicht mehr in dein Leben gehören. Das Loslassen des eigenen Partners jedoch kann sehr schwer sein, auch wenn man im Grunde weiß, dass dieser einem vielleicht nicht guttut. Deswegen möchte ich noch ein paar Worte speziell dazu sagen, und womöglich hilft es dir dann auch dabei, einen neuen Weg zu beschreiten, der für dich stimmig ist. Allerdings sollten wir die Partnerschaft wirklich sehr genau anschauen, weil ich so viele Klienten gehabt habe, die krank, müde, traurig, erfolglos und unglücklich waren, weil sie in einer unglücklichen Beziehung steckten. Stelle daher deine Partnerschaft noch einmal auf den Prüfstand und nimm dir dafür ausreichend Zeit.

Hole noch einmal das Blatt Papier aus der Übung »Entrümple dein Leben« hervor, auf dem du die Menschen in deinem Umfeld in die drei Spalten eingetragen hast. Entweder kannst du deinen Partner deutlich der Spalte der Menschen zuordnen, die ganz klar in dein Leben gehören, dann kannst du die nächsten Zeilen einfach als Inspiration nehmen. Falls dein Partner in der rechten Spalte steht und es keinen Sinn mehr ergibt, die Beziehung weiterzuführen, kannst du jetzt das Folgende überspringen oder es als Anregung für deine nächste Beziehung nehmen. Hast du deinen Partner in der mittleren Spalte eingetragen und es ist nicht eindeutig, in welche Richtung die Beziehung gehen soll, dann möchte ich dir noch ein paar Tipps geben, wie wir als *Enjoy this Life*®-Persönlichkeit unserer Beziehung und Liebe wieder Energie und Freude einhauchen können. Dies sind natürlich wie immer nur Anregungen und Inspirationen, die du auf deine Situation anpassen kannst.

Führe dir als Erstes vor Augen, dass du deinen Partner mal wirklich geliebt hast, sonst wäre er wohl nicht dein Partner geworden. Wenn wir länger mit einem Menschen zusammen sind, sehen wir plötzlich nur noch den Mangel und vergessen im Alltag häufig, was alles gut an unserem Partner ist. Kleine banale Streitpunkte oder Macken nehmen überhand, und wir sind oft nur noch darauf fokussiert, was zwischen uns nicht mehr stimmt.

Beobachte dich mal: Wie oft lobst du deinen Partner, wie oft sagst du liebevolle Worte zu ihm, und wie oft kritisierst du ihn? Achte dabei nicht nur auf konkrete Worte, sondern auch auf deine Gedanken – sind sie liebevoll und respektvoll oder eher das Gegenteil? Mache dir bewusst, dass, auch wenn dein Partner nicht Gedanken lesen kann, sein Unbewusstes ganz genau spürt, wie du über ihn denkst. Wie redest du über deinen Partner, wenn er nicht dabei ist? Zum Beispiel bei deinen Eltern? Freunden? Bekannten? Sind deine Worte über ihn/sie positiv oder destruktiv? Ich finde es schon unglaublich, wie viele Menschen über ihren Partner schlecht reden oder denken, und zwar nicht nur in dessen Abwesenheit, sondern auch wenn er direkt danebensteht. Und dann sind sie total verwundert, dass die Beziehung nicht rundläuft oder dass »irgendwie die Luft raus« ist.

Wir dürfen als *Enjoy this Life*®-Persönlichkeit nie vergessen, dass sowohl die bewussten wie auch unbewussten Gedanken und Aussagen über andere Menschen diese beeinflussen und unsere Resonanz verändern. Wer über den Partner, Chef oder andere schlecht redet und denkt, trägt diese Ausstrahlung in seinem Energiefeld. Diese destruktive Energie wird von den betreffenden Personen immer wahrgenommen, und sie wissen es ganz genau, wenn auch auf einer sehr unbewussten Ebene.

Doch solche destruktiven Energien führen letztlich dazu, dass der Partner auf Distanz geht oder in deiner Nähe jedes Mal das Gefühl hat, irgendetwas stimme nicht mehr, auch wenn du nach außen vielleicht sehr nett bist. Du kannst das Bewusstsein vielleicht täuschen, aber nie das Unterbewusstsein.

Nur noch mal zur Erinnerung: Gerade einmal 5 Prozent unserer Gedanken und Handlungen kommen aus dem Bewusstsein, 95 Prozent dagegen aus dem Unterbewusstsein. Wenn du so destruktiv über deinen Partner denkst und redest, darfst du dich nicht wundern, dass eure Beziehung früher oder später auseinanderbricht. Hier nun ein paar Tipps, um wieder neuen Schwung in deine Beziehung zu bringen.

TIPPS
für eine bessere Partnerschaft

1. Höre ab sofort auf, in seinem Beisein und in Abwesenheit über deinen Partner schlecht zu reden, ihn kleinzumachen oder sonst wie negativ über ihn zu sprechen.

2. Falls du merkst, dass deine Gedanken ebenfalls sehr destruktiv sind und du nur noch das Negative an deinem Partner oder an eurer Beziehung siehst, lege eine Liste an. Schreibe jeden Tag mindestens 10 Punkte auf, was toll und gut an deinem Partner und an eurer Beziehung ist. Zu oft ist unser Fokus auch hier nur auf dem Negativen, richte ihn daher bewusst auf das Positive. Täglich eine Liste mit 10 Pluspunkten anzulegen dauert gerade mal 5–10 Minuten, die du effektiv in deine Beziehung investierst.

3. Sobald du merkst, dass du schlecht über ihn denkst, sage dir bewusst: »Stopp!« und mache dir dann klar, warum du mit deinem Partner zusammen bist und was du an ihm schätzt und liebst.

4. Höre auf, deinen Partner verändern zu wollen! Das ist der Beziehungskiller Nummer eins. Nur weil dein Partner dein Partner ist, muss er nicht gleich denken, fühlen, handeln wie du. Er ist ein eigenständiges Individuum und hat ein göttliches Recht darauf, seine Individualität zu leben – ob du das okay findest oder nicht. Harte Worte, doch wenn es dir so gar nicht passt, dann übernimm die Verantwortung und trenne dich, aber lasse ihn/sie sein/ihr Leben so leben, wie er/sie das möchte. Meine Ansicht ist: Solange ich nicht perfekt bin, muss mein Partner auch nicht perfekt sein! Und ich bin noch weit von Perfektion entfernt.

5. Werde aktiv! Viele sagen: »Er/sie müsste ja nur ..., und dann wäre alles okay!« Wie oft warten beide Seiten, dass der andere wieder mehr in die Beziehung investiert oder seine Gefühle zeigt. Leider warten sie oft vergebens, und die Liebe vertrocknet immer mehr und mehr. Weil beide zu stolz sind, um zu investieren und aktiv zu werden. Das ist aus meiner Sicht keine *Enjoy this Life*®-Einstellung. Wenn ich etwas möchte, ich eine Veränderung erwarte, dann bin ich selbst die Veränderung. Ich erwarte nichts vom meinem Umfeld oder Partner, ich werde aktiv, und dadurch verändere ich auch alles um mich herum.

6. Werde glücklich und lebe ganz deine *Enjoy this Life*®-Persönlichkeit, es gibt nichts Attraktiveres als glückliche, zufriedene Menschen. Lasse aber um Himmels willen deinen Partner so sein, wie er will, missioniere ihn auf keinen Fall mit *Enjoy this Life*®. Wenn du glücklich bist, wird er es merken und dich fragen, wie du das geschafft hast, dann stößt du auf offene Ohren, und er ist bereit für Veränderung.

Höre überhaupt auf, deinen Partner zu missionieren, dieses Bestreben ist sehr weit verbreitet in der spirituellen Szene – man hat plötzlich keinen Partner mehr, sondern einen esoterischen Hobbytherapeuten. Das ist nicht anziehend und macht oft die Beziehung mehr kaputt als glücklich. Lies dir Tipp 4 noch mal bewusst durch und lasse die Aussage sacken.

7. Sage niemals zu deinem Partner: »Ich liebe dich!«, nur weil du es laut hören willst oder weil du von ihm hören willst: »Ich dich auch!« Doch sage es möglichst oft, allerdings nur dann, wenn es auch ernst gemeint ist und du es fühlst, aber sei nicht enttäuscht, wenn dein Partner es nicht erwidert. Es geht ums Geben, weil du es so fühlst, und nicht ums Erhaltenwollen oder Selbst-Hören-Wollen, das ist nämlich Mangelbewusstsein.

8. Erinnere dich zurück: Wie war es am Anfang eurer Beziehung? Gerade zu Beginn liegt unser Fokus im Normalfall auf dem Geben und weniger auf dem Erhalten. Wir machen viele Komplimente, lächeln, schauen einander in die Augen, es freut uns, wenn wir dem Partner mit Kleinigkeiten eine Freude bereiten können,

wir nörgeln so gut wie nie und freuen uns einfach, wenn wir Zeit mit dem Partner verbringen können. Versuche diese »kleinen« Aufmerksamkeiten wieder in deinen Alltag zu integrieren. Eine schöne Idee sind beispielsweise kleine Zettelchen mit Liebesbotschaften, versteckt in den Arbeitsunterlagen oder am Spiegel oder Orten, die der Partner oft aufsucht.

9. Hinterfrage bei einem Streit oder einer Auseinandersetzung immer wieder, ob sich diese Diskussion gerade lohnt. Ich behaupte mal, dass 90 Prozent der Konflikte, die wir in Beziehungen führen, sinnlos sind. Ich habe früher vor allem als Medium gearbeitet und viele Menschen betreut, die sich eine Jenseitsbotschaft zum Beispiel von einem verstorbenen Partner gewünscht haben. Insbesondere wenn es kurz vor dem Tod noch zu einer sinnlosen Auseinandersetzung kam, konnte der Hinterbliebene sich oft nicht verzeihen, dass die letzten Erinnerungen an den Partner mit einem überflüssigen Streit verknüpft waren. Überlege bei jedem Streit, ob er es wirklich wert ist, ausgefochten zu werden.

Führe diese Regel ein: Bevor einer von euch das Haus verlässt, solltet ihr wieder Frieden geschlossen haben, weil du nie weißt, ob dein Partner lebend zu dir zurückkommt. Wie oft gingen zwei im Streit auseinander und der eine kehrte nicht mehr heim, weil er zum Beispiel einen tödlichen Unfall hatte. Wenn du dir dies bei Auseinandersetzungen bewusst machst, kommst du sehr schnell drauf, dass viele Konflikte und Diskussionen einfach nur sinnlos sind.

Enjoy this Life®-Persönlichkeit in den Alltag integrieren

28. Tag
Integrieren: Meditation

Ich kann mich an dieser Stelle nur noch einmal wiederholen: Meditieren sollte nichts Dogmatisches an sich haben. Nach dem Motto: Alles kann, nichts muss. Es ist nicht entscheidend, dass du immer dienstags von halb neun bis halb zehn meditierst, entscheidend ist vielmehr, dass du es regelmäßig, am besten täglich, machst. Dann spielt es auch keine Rolle, wie lange du meditierst, ob es nun 1–2 Minuten sind oder 20 Minuten, und welche Form der Meditation du anwendest. Geschweige denn, wo du dich gerade aufhältst. Meditieren kann man immer und überall, das ist ja das Fantastische daran!

ÜBUNG
Mini-Meditation für viel Energie

Diese kurze Meditation kannst du auch ganz einfach in deinen Alltag integrieren. Sie gibt sofort kraftvolle Energie und verbindet stark mit der Erde und gibt dadurch Erdung. Diese Meditation ist eigentlich keine wirkliche Meditation, du kannst dabei, wie du es vom Meditieren kennst, die Augen schließen und dich hinsetzen, doch du kannst diese Übung auch mit offenen Augen im Stehen machen, in einem Meeting oder überall sonst, wo du gerade bist. Ich mache diese Übung immer dann, wenn ich einen frischen Energiekick brauche. Sie ist im Grunde auch einfach erklärt.

Ich empfehle dir am Anfang die Übung so durchzuführen, wie ich sie dir im Folgenden vorstelle, und zwar im Sitzen und mit geschlossenen Augen. Sobald du sie jedoch verinnerlicht hast, was leicht ist, kannst du sie mit offenen Augen in deiner eigenen Variation machen.

Setze dich bequem hin und schließe deine Augen. Achte darauf, dass deine Füße auf dem Boden stehen. Nimm dir einen Moment Zeit, um voll und ganz bei dir anzukommen. Nimm ein paar Atemzüge und beobachte einfach einen Moment lang deinen Atem. Lasse die Gedanken, die nichts mit der Übung zu tun haben, ruhig vorbeiziehen und richte deinen Fokus auf das Ein- und Ausatmen. Sobald du die Ruhe in deinem Körper spürst, gehst du mit deiner Aufmerksamkeit auf deine Füße. Stelle dir nun vor, du kannst durch deine Füße ein- und ausatmen. Vielleicht ist diese Vorstellung ein bisschen befremdlich oder auch lustig, doch atme jetzt einfach für ein paar Minuten durch deine Füße. (2–3 Minuten Pause)

Atme jetzt weiterhin über deine Füße ein und stelle dir dabei vor, dass du mit deinem Atem kraftvolle Energie über deine Füße einatmest, und ziehe diese Energie über deine Rückseite: Waden, Oberschenkel, Po, Rücken, Hinterkopf bis ganz nach oben zum Scheitel. Wenn du dort angekommen bist, beginne mit dem Ausatmen und lasse die Energie über deine Vorderseite wieder zurück in die Erde fließen: über dein Gesicht, Brust, Bauch, Oberschenkel, Knie, Schienbeine, Füße in die Erde und beim Einatmen erneut von deinen Füßen über deine Rückseite bis zum Scheitel die Energie einatmen und beim Ausatmen über deine Vorderseite zurück. Nimm auf diese Weise jetzt so viele Atemzüge, wie es stimmig für dich ist und du Energie gebrauchen kannst. Mindestens aber immer 9 Atemzüge. Komm dann, wenn du fertig bist, einfach zurück und öffne deine Augen.

Ich bin mir sicher, dass du schon beim ersten Mal die Energie spüren konntest und dass du dich gleich frischer fühlst. Sie »leert« den Kopf, und oft verschwinden mit der Übung auch Kopfschmerzen. Vielleicht konntest du auch feststellen, dass deine Füße gekribbelt haben oder auch dein übriger Körper. Mache dir keine Sorgen deswegen, das ist völlig normal und nichts Außersinnliches, sondern einfach deine Blutzirkulation, die wieder besser in Schwung kommt, und dadurch auch deine Lymphflüssigkeit. Im Lymphsystem ist ein Großteil unseres Immunsystems, dadurch hat diese Übung auch etwas Regenerierendes und aktiviert die Selbstheilung bei regelmäßiger Anwendung.

Noch ein Geheimtipp: Diese Übung ist genial gegen Cellulite. Solltest du darunter leiden, wirst du feststellen können, dass es nach 6 Monaten fast kein Thema mehr ist, vorausgesetzt, du machst die Übung täglich für 5–10 Minuten. Du kannst diese Übung wirklich fast überall machen, und es stellt überhaupt kein Problem dar, sie jederzeit in den Alltag zu integrieren.

29. Tag
Integrieren: Heilen

Ich behaupte mal, jeder von uns hat eine Schwachstelle im Körper, einen Ort, wo wir zum Beispiel bei Stress oder einfach immer dann, wenn wir aus dem Gleichgewicht geraten, wenn wir nicht mehr in unserer Mitte sind, reagieren. Viele reagieren zum Beispiel bei Stress mit Kopf- oder Bauchschmerzen, Durchfall, Verspannungen im Nacken oder Ähnlichem. Kennst du deine schwache Zone?

Falls nicht, beobachte mal deinen Körper in den nächsten Wochen und achte darauf, wo dein Körper mit Unbehagen oder gar Schmerzen oder Verspannungen reagiert. Hast du diese Region in deinem Körper gefunden, so kennst du nun deine Schwachstelle. Die meisten von euch wissen aber auf Anhieb, wo sich ihre schwache Zone befindet. Meine ist mein Nacken; wenn du dir zum Beispiel alte Fotos von mir anschaust, wirst du oft feststellen, dass ich einen Schal trage. Bei manchen Fotos oder Videos sieht man sogar, dass mein Nacken getapt ist. Ich habe früher sofort mit ziemlichen Verspannungen und Schmerzen im Nackenbereich reagiert, sobald ich nicht in meiner Mitte oder gestresst war und dadurch aus dem Gleichgewicht gekommen bin. Früher wollte ich diese Verspannungen und die Schmerzen immer schnell loswerden. Doch eines Tages habe ich verstanden, dass mein »Nackenproblem« in Wahrheit nicht mein Feind, sondern mein Freund ist. Ich begann also meinen Freund, das Nackenproblem, zu beobachten: Wann oder nach welchen Handlungen habe ich Schmerzen oder Verspannungen im Bereich des Nackens? Sehr bald ist mir aufgefallen, dass sie immer dann auftraten, wenn ich gestresst war, das heißt, wenn ich mit Menschen konfrontiert wurde, mit denen ich eigentlich gar nicht meine Zeit verbringen wollte, oder mich in unangenehmen Situationen wiederfand. Manchmal fühlte ich auch, wie ich leichte Verspannungen bekam, wenn ich zum Beispiel ein neues Projekt besprochen habe oder dabei war, einen neuen Vertrag zu unterzeichnen. Als ich begann, meinen Nacken nicht mehr als Feind, sondern als Freund zu betrachten, und ich jedes Mal, wenn mein Freund, die Nackenverspannung, sich unangenehm meldete, sofort darauf achtete, was ich tat oder sagte oder womit ich mich gerade gedanklich oder auch physisch beschäftigte, wusste ich dann immer gleich, dass bei dieser Handlung etwas nicht ganz in Harmonie ist. Mir ist aufgefallen, wie viele Dinge ich zu der Zeit tat, die ich nicht wollte oder nicht mehr wollte – aus Gewohnheit oder Pflichtgefühl, wegen alter Verbindungen oder weil ich das Gefühl hatte, ich schulde einer Person dies oder jenes. Indem ich mir diese Momente bewusst machte und anfing, auf die unangenehmen Signale meines Körpers zu hören, lösten sich die Verspannungen und Schmerzen auf. In der Folge reduzierte ich daher immer mehr Dinge, die ich nicht wollte oder die mir nicht guttaten.

Ich lernte also, meinen neuen Freund, die Nackenschmerzen, nicht mehr wegzudrücken und durch Schmerzmittel und andere Hilfen loszuwerden, sondern zu beobachten, wann genau sie auftraten, und zu hinterfragen, ob etwas unstimmig war. Dadurch gingen die Schmerzen weg, und ich wurde viel erfolgreicher und mehr und mehr zur *Enjoy this Life*®-Persönlichkeit. Beobachte auch du deine Schwachstelle und löse dich von allen Umständen, die deinen Freund zum Rebellieren bringen. So kommt Heilung in deinen Körper und auch in dein Leben.

Merke dir: Deine körperlichen Symptome, die regelmäßig auftreten, sind deine Freunde, nicht deine Feinde. Sie zeigen dir klar, dass etwas nicht stimmig ist! Bringe dein Leben in Harmonie, dann bist du auch gesund. Diese Arbeit kann kein Heilmittel für dich übernehmen, nur du selbst.

30. Tag
Lebe die
Enjoy this Life®-Persönlichkeit!

Etwas, das dir sehr dabei helfen kann, in der *Enjoy this Life®*-Persönlichkeit zu bleiben und auch die neue Energie besser zu verankern, ist, darauf zu achten, in welchem Umfeld du dich bewegst, welche Lokale du besuchst, mit welchen Energien du dich umgibst. Denn wenn wir beginnen, uns und unsere Leben zu verändern, fallen wir oft wieder in die »alte« Energie zurück, weil wir es einfach so gewohnt sind. Darum kann es dir besonders helfen, deinen Alltag mal genauer unter die Lupe zu nehmen.

Inzwischen ist dir sicher klar, dass die Energien, in denen wir uns bewegen, durch unsere täglichen Eindrücke und unser Konsumverhalten sowohl bewusst als auch unbewusst beeinflusst werden und folglich unsere Resonanz verändern. Deswegen empfehle ich dir auch, darauf zu achten, ob zum Beispiel deine Kleidung, deine Einrichtung, dein Essen, dein Style, dein Schmuck, deine Orte, die du besuchst, deine Musik, deine Bücher, deine TV-Sendungen und so weiter, ob all das wirklich zu deiner neuen *Enjoy this Life®*-Persönlichkeit passt.

ÜBUNG
Alltägliches verändern

Entwerfen wir dazu wieder eine Liste. Notiere alle oben genannten Bereiche und überlege dir, was du noch optimaler gestalten könntest. Du kannst, wenn du magst, auch wieder mit den drei Spalten arbeiten. Auf der linken Seite notierst du alle Energien deines Umfelds, die zu dir passen und dich widerspiegeln, in die Mitte trägst du ein, was vielleicht nicht ideal, aber ab und zu in Ordnung ist (beispielsweise ein Kneipenbesuch, ein Horrorfilm oder aggressive Musik), und rechts schreibst du auf, was unbedingt verändert werden muss, sprich: welche Energien du in deinem Leben stärken möchtest. Falls du da Differenzen feststellst, und das wirst du, beginne diese Punkte nach und nach zu verändern. Vieles kann man nicht sofort angehen, weil vielleicht noch das Geld oder die zündende Idee fehlt. Doch beobachte dich immer mal wieder und frage dich dann: Umgebe ich mich mit der Energie, die mich auch unterstützt? Mir hat das unglaublich geholfen, meine *Enjoy this Life®*-Persönlichkeit noch besser zu spüren und zu leben. Probiere es einfach mal aus.

Ich behaupte, dass alle Übungen, die ich hier zusammengestellt habe, sowie das ganze Prinzip von *Enjoy this Life* relativ einfach und problemlos umzusetzen sind. Die größte Schwierigkeit wird anfangs wie gesagt darin bestehen, an deine neue Identität zu denken und dich immer wieder zu erinnern, in deiner *Enjoy this Life®*-Persönlichkeit zu bleiben. Das liegt daran, dass wir Menschen Gewohnheitstiere sind, und bis die erfolgreiche *Enjoy this Life®*-Persönlichkeit wirklich ganz deins geworden ist, ist es absolut normal, dass du immer mal wieder aus deiner Erfolgsenergie rausfällst oder es vergisst und dabei in deine alten Muster und Gewohnheiten zurückgehst. Ich denke, gerade weil die ganze Methode so leicht anzuwenden ist, ist es für viele noch schwieriger, sie dann nicht einfach wieder zu vergessen.

Wir müssen uns auch Folgendes bewusst machen: Damit unser Gehirn eine neue Tätigkeit oder ein neues Handeln als »normal« betrachtet, müssen in aller Regel etwa 21 Tage vergehen, in denen es neue Verknüpfungen bildet. Das heißt, wenn wir drei Wochen lang etwas täglich wiederholen, haben wir neue Gehirnverbindungen, und danach ist es für uns alltäglich und normal geworden.

Deswegen solltest du vor allem die ersten 21 Tage darauf achten, täglich in deiner *Enjoy this Life*®-Persönlichkeit zu sein und vor allem die Übungen aus dem Buch wirklich regelmäßig zu machen. Ein ums andere Mal prüfen, ob du in der *Enjoy this Life*®-Persönlichkeit bist oder dein Leben einfach gerade so vor dich hin lebst. Nach drei Wochen wird deine *Enjoy this Life*®-Persönlichkeit immer mehr ein Teil von dir sein, und du wirst immer weniger aus deiner »Rolle« fallen. Das ist auch ein Grund, warum der Onlinekurs 30 Tage dauert, weil ich mir sagte: »21 Tage sind notwendig, 30 Tage sind besser, weil wir so sicher sein können, dass jedes Gehirn, egal, wie schnell es verknüpft, die neuen Verbindungen geschaffen hat, die wir brauchen, um etwas als alltägliche Routine zu betrachten!« Natürlich reden wir hier von einer erfolgreichen selbst geschaffenen positiven Routine.

Damit dir das gerade in den ersten 30 Tagen gelingt und du es auch nicht vergisst, stelle ich dir hier ein paar Hilfetools vor, die ich nutze oder genutzt habe, die mich immer wieder an meine *Enjoy this Life*®-Persönlichkeit erinnert haben und die auch viele meiner Kursteilnehmer nutzen und ihnen wunderbare Dienste leisten. Dies sind alles nur Tipps und Inspirationen, du kannst sie natürlich noch um einiges erweitern und neue Dinge machen oder sie anpassen, so wie es für dich stimmig ist.

**TIPPS,
um Erinnerungstools zu kreieren**

1. Besorge dir Post-it-Zettel (Klebezettel) und schreibe zum Beispiel »Enjoy this Life« darauf oder irgendetwas anderes, das dich an deine *Enjoy this Life*®-Persönlichkeit erinnert. Dann verteile diese in deiner Wohnung oder an deinem Arbeitsplatz. Ideal sind Orte, die wir oft aufsuchen oder ansehen, wie zum Beispiel das Klo, den Kühlschrank, die Haustür, den Kleiderschrank, den Badezimmerspiegel oder Ähnliches.

2. Lege einen Bildschirmschoner fest, der dich an deine *Enjoy this Life*®-Persönlichkeit erinnert.

3. Auch das Handy können wir zur Erinnerung nutzen, dafür gibt es mehrere Möglichkeiten. Gerade die neuen Smartphones eignen sich genial dazu. So ist mein Handydisplay-Hintergrund immer mit Symbolen oder mit dem *Enjoy this Life*®-Logo geschmückt. Du kannst zum Beispiel auch etwas fotografieren, das dich an deine *Enjoy this Life*®-Persönlichkeit erinnert. Jedes Mal, wenn du dann dein Handy in die Hand nimmst, wirst du daran erinnert. Ich habe mir 3-D-Aufkleber mit dem Logo machen lassen; die gibt es inzwischen auch in ausgewählten Onlineshops zu kaufen. Ein solcher Aufkleber befindet sich zum Beispiel auf der Rückseite meines Handysticks, und da ich meistens das Handy vor mir liegen habe, sehe ich immer diesen Stick, und er erinnert mich an meine *Enjoy this Life*®-Persönlichkeit.

4. Im Onlinekurs haben sich viele automatische Erinnerungen in ihren Onlinekalender eintragen oder auf das Handy laden lassen. So bekommen sie zwei- bis dreimal am Tag eine Erinnerung auf ihr Handy oder auf ihren PC per Mail geschickt.

5. Falls du gern zeichnest oder malst, fertige eigene Bilder oder Zeichnungen, die dich an *Enjoy this Life*® erinnern, und hänge sie als Gedächtnisstütze auf.

6. Falls du einen guten Freund oder Partner hast, der auch dabei ist, seine *Enjoy this Life*®-Persönlichkeit zu entwickeln, dann schreibt euch per SMS, WhatsApp etc. regelmäßig Erinnerungen (positive Zitate oder Ähnliches). Mein bester Freund und ich rufen uns mindestens einmal am Tag an oder schreiben uns und wünschen uns einen erfolgreichen Tag! Falls du noch einen Schritt weitergehen willst, telefoniere einmal am Tag mit einer Person und vereinbare mit ihr, während dieses Telefonats nur positive Dinge zu besprechen oder euch gegenseitig zu beglückwünschen.

7. Suche dir ein Musikstück, das dir das *Enjoy this Life*®-Feeling gibt. Am besten etwas mit einem aufbauenden Text und einem Beat, der dir ein gutes Feeling gibt. Ich arbeite für mich sehr viel mit Musik, da ich Musik sehr mag. Doch ich höre selten nur so nebenher Musik, sondern setze sie ganz bewusst ein. Ich habe Musik fürs Bücherschreiben oder den Moment kurz vor Auftritten. Ich bin mir sicher, wenn du Musik magst, kann sie dir auch helfen.

8. Falls du Tätowierungen magst, kannst du dir auch ein Tattoo stechen lassen, das dich an deine neue *Enjoy this Life®*-Persönlichkeit erinnert. Meine eigenen Tattoos haben für mich alle eine spezielle Bedeutung, und es gibt immer eine persönliche Verknüpfung zu meiner *Enjoy this Life®*-Persönlichkeit. So erinnere ich mich jederzeit daran.

9. Andere Ideen sind T-Shirts, Tischsets, Collagen selbst machen, Zahnpastatube beschriften, Armband oder Halskette mit dem Logo tragen oder ähnliche Dinge. Du kannst mir auch auf Facebook folgen. Dort stelle ich täglich ein bis drei Posts ein, und immer wieder sind auch Inspirationen dabei, und auf allen Zitaten ist auch das *Enjoy this Life®*-Logo drauf – als Erinnerungsstütze für alle, die ihre *Enjoy this Life®*-Persönlichkeit gerade entwickeln.

10. Was ich früher hatte und toll fand, war ein »Vision Board«: Ich habe Bilder, Fotos aus Zeitschriften oder Zitate ausgeschnitten und auf ein sehr großes Blatt Papier geklebt, manchmal auch direkt an die Wand. Eine Zeit lang hat dies eine ganze Wand in meinem Schlafzimmer in Beschlag genommen. Alles, was ich dort aufhängte, waren Dinge, die mich an mein neues Leben und meine *Enjoy this Life®*-Persönlichkeit erinnern sollten. Ich habe mit Absicht das Schlafzimmer gewählt, sodass ich mich niemandem gegenüber rechtfertigen musste, warum ich dies oder jenes aufgehängt habe, und immer wenn ich im Bett lag, war

es vor dem Einschlafen das Letzte, was ich gesehen habe, und am Morgen das Erste. So begann mein Tag schon mit einer Erinnerung an die *Enjoy this Life*®-Persönlichkeit und endete auch damit. Falls du gern zeichnest, kannst du das Ganze natürlich auch selbst zeichnen. Dabei sind dir keine Grenzen gesetzt. Suche einfach starke Bilder, die für dich eine gewisse Bedeutung oder Verknüpfung haben.

Dies alles waren nur Vorschläge, um dich zu inspirieren. Du kannst natürlich noch viel mehr Dinge machen und auch noch viel kreativer werden, als ich es gerade war. Das waren einfach die Hilfsmittel, die ich bei mir eingesetzt habe und die für mich ideal waren.

Wie erfolgreich konntest du bist jetzt deine neue *Enjoy this Life*®-Persönlichkeit in den Alltag integrieren im Hinblick auf:

deinen Körper?

_____
_____
_____
_____
_____

das Entrümpeln?

Meditation?

Heiler sein?

eine feste Verankerung deiner neuen Energie und deine Fähigkeit, in deiner *Enjoy this Life*®-Persönlichkeit auch zu bleiben?

Schlusswort

Höre auf, recht haben zu wollen, und diskutiere nicht über unnötige Dinge

Zum Abschluss habe ich noch ein Bonuskapitel für dich geschrieben, das ich dir sehr ans Herz legen möchte. Es handelt sich dabei um keine wirkliche Übung, sondern ist einfach als kleine Anregung für dein Leben gedacht.

Seit ich für mich beschlossen habe, nicht mehr darauf zu bestehen, recht zu haben, oder ich nicht mehr über unnötige Dinge diskutiere, erspare ich mir viel Ärger und schlechte Laune, und ich habe mehr Zeit. Es lohnt sich also aus meiner Sicht.

Wieso wollen wir recht haben?

Als Erstes sollten wir uns bewusst machen, dass sich Streit niemals lohnt. Es gibt nie einen Sieger. Zwar kann man ein Wortgefecht gewinnen oder seine eigene Meinung durchsetzen, doch das ist kein echter Sieg. Und was dann oft zurückbleibt, ist Frust, Ärger, Trauer, Hass und ähnliche Emotionen, von denen keine förderlich ist. Im Gegenteil: Solche Emotionen können uns tatsächlich über kurz oder lang krank machen. Sogar schon ein kleiner Streit bringt unser natürliches System durcheinander.

Ich persönlich komme immer mehr zu der Erkenntnis, dass nicht einmal hitzige Diskussionen einen Nutzen haben. Denn Tatsache ist, wenn zwei verschiedene Meinungen aufeinandertreffen, haben immer beide recht – jeder aus seiner Sicht.

Doch da wir den anderen oft von unserer Sicht überzeugen wollen, kommt es zum Streit. Aber weshalb ist es uns so wichtig, andere von unserer Meinung zu überzeugen oder – anders gesagt – ihn von seiner eigenen Überzeugung abzubringen?

Im Grunde wollen wir nur jemanden, der die Sache genauso sieht wie wir selbst. Dadurch erfahren wir Bestätigung, und es hilft uns, weiterhin an unsere Sicht und an unsere Überzeugungen zu glauben. Eine andere, womöglich sogar total gegenteilige Meinung stellt schon fast eine Bedrohung für uns dar. Unsere Grundüberzeugungen beispielsweise von Gerechtigkeit, Anstand oder sogar unser ganzes Weltbild werden infrage gestellt. Da ist es nicht verwunderlich, dass wir häufig dann sehr schnell eine Verteidigungshaltung einnehmen. Doch wir müssen uns gar nicht rechtfertigen.

Der klügere Weg ist es, jedem seine Meinung zu lassen und niemanden von der eigenen Sicht überzeugen zu wollen. Leichter gesagt als getan, ich weiß. Aber probiert es mal als kleines Experiment aus. Bevor euch ein Wortgefecht so richtig aufwühlt und ihr anfangen wollt mit Gegenargumenten, sagt einfach mal: »Danke für deine Meinung.« Ich mache das selbst oft so. Wenn ich danach eine Emotion in mir wahrnehme, die mich zum Beispiel traurig oder wütend macht, überlege ich mir zu Hause in aller Ruhe, warum diese Resonanz da ist ... Was sehe ich nicht, wo hat der andere vielleicht recht? Denn solche Emotionen zeigen mir, da ist etwas, das ich nicht anschauen möchte! Das ist ganz menschlich und schlussendlich eine Chance, um vielleicht zu einer neuen Erkenntnis zu gelangen. Möglicherweise berührt mich die Meinung des anderen aber auch überhaupt nicht. Dann ist es ein Zeichen dafür, dass es nicht mein Thema ist, sondern seins.

Das Leben ist da, um Erfahrungen zu machen.

Ich will euch nicht sagen, ihr müsst jeder Meinungsverschiedenheit mit einem freundlichen »Danke für deine Meinung« aus dem Weg gehen. Das wäre wohl gar nicht möglich. Manchmal schlittert man nun einmal mitten in eine Streitsituation hinein. Aber dann verharrt nicht in den Emotionen, bleibt nicht einfach wütend, traurig oder frustriert, sondern reflektiert im Nachhinein, wo ihr in Resonanz gegangen seid. Nehmt es als Erfahrung. Und seid nicht zu stolz, zumindest vor euch selbst zuzugeben, wenn es falsch war.

Ich selbst habe oft mehr aus falschen Erfahrungen gelernt als aus den richtigen. Ich sage immer: »Lass mich meinen Weg gehen. Ich möchte es erleben und dann beurteilen, ob es richtig oder falsch war. Ich lasse auch dir die Freiheit, deine Erfahrung zu machen.«

Es ist gar nicht so lange her, da wollte ich allen Skeptikern beweisen, dass es ein Leben nach dem Tod gibt. Ich bin voll eingestiegen ins Rechtfertigen und Beweisen. Doch was erhielt ich als Resonanz? Genau das Gegenteil!

Du kannst jemanden, der die Welt ganz anders sieht, nicht überzeugen. Du kannst ihm nicht die Augen öffnen, wenn sein Herz für das Wesentliche verschlossen ist.

Mein Geistführer hat mich nicht gerade zimperlich gestoppt und mir erklärt: »So entsteht Krieg! Würde jeder dem anderen seinen Glauben lassen, dann hätten wir Frieden! Höre auf zu beweisen! Lebe einfach deine Wahrheit! Sei da für diejenigen, die offen sind, und kämpfe nicht um die anderen. Lasse sie in ihrer Welt, denn dort sind sie glücklich. Störe sie nicht in ihrem persönlichen Glauben.« Hmm ... mein Ego wollte das nicht akzeptieren, doch ich fühlte – es ist die Wahrheit.

Jedem seine Wahrheit.

Mir wurde bewusst, würde jeder den Glauben des anderen akzeptieren, dann wäre die Welt bald ein Paradies. Christen, Moslems, Juden, Mormonen, Hindus, Wissenschaftler, Kritiker, Spirituelle, Vegetarier und alles, was es sonst noch an Glaubensrichtungen und Überzeugungen gibt – all das hat seine Berechtigung. Wenn keiner mehr den anderen für dessen Wahrheit anfechten würde, gäbe es keine Kriege und viele Diskussionen und Streitigkeiten in konstruktiven Gesprächen oder sogar Freundschaften enden.

Ich bin auf dem Weg, meine Meinung nicht nur offen, sondern auch öffentlich mitzuteilen. Aber eben, es ist meine eigene Wahrheit. Sie macht mich glücklich, und sie verändert sich mit jedem Tag, an dem ich lebe. Meine Wahrheit erfüllt mich und vielleicht auch dich. Und wenn das nicht der Fall ist, so ist das kein Problem für mich. Mache es auch für dich nicht zum Problem, sondern gehe deinen Weg und lebe deine eigene Wahrheit! Dies ist ein kleiner Schritt mit großer Wirkung!

Jeder Streit gibt uns also die Möglichkeit, bewusst damit umzugehen. Lasst den Mitmenschen ihre eigene Meinung. Und akzeptiert diese auch wirklich. Jeder hat aus seiner Sicht der Dinge recht. Regt euch nicht zu schnell auf oder seid zumindest offen dafür, euch und eure Überzeugungen im Nachhinein zu reflektieren. Wir machen alle unsere Erfahrungen. Dazu sind wir ja auf dieser Welt.

Anhang

Der folgende Fragebogen gibt dir die Möglichkeit einer Selbstüberprüfung. Hier kannst du deine Entwicklung hin zur *Enjoy this Life*®-Persönlichkeit ganz leicht nachvollziehen, indem du zu Anfang vielleicht einmal im Monat die Fragen für dich beantwortest. Wenn du geübt bist, reicht es später zweimal pro Jahr. Wichtig ist dabei nur, dass du nicht schummelst, sondern gnadenlos ehrlich bist. Es ist nicht schlimm, falls du in einem oder mehreren Bereichen in alte Routinen zurückfällst. Es kommt allein darauf an, dass du es erkennst und wieder aktiv daran arbeitest, Schöpfer deines Lebens zu sein.

Wenn du magst, kannst du je ein Foto des ausgefüllten Fragenkatalogs zu deiner Persönlichkeit machen, und zwar einmal vom Beginn des 30-Tage-Programms (siehe 4. Tag, S. 42 ff.) und noch einmal jetzt zum Abschluss. Beide Fotos mit dem jeweils ausgefüllten Fragebogen kannst du gerne an den Verlag mailen: *zentrale@ullstein-buchverlage.de*. Aus allen eingehenden Antworten erstellen wir eine Auswertung, die zwar nicht individuell auf jeden Einzelnen eingeht, aber einen Überblick über die Entwicklungen bei den unterschiedlichsten Anwendern spiegelt. Auf meiner Website und bei Facebook siehst du dann das Resultat und auch, wo du selbst nach diesem Prozess stehst. Ich freue mich auf dein Feedback!

Wie ist deine *Enjoy this Life®*-Persönlichkeit in folgenden Bereichen:

Partnerschaft

___

Familie

___

Kinder

___

Freundeskreis

___

Fremden gegenüber

_____
_____
_____
_____
_____

Finanzen

_____
_____
_____
_____
_____

Gesundheit

_____
_____
_____
_____
_____

Wohnsituation

_____
_____
_____
_____
_____

Talente/Eigenschaften

Wie spricht sie?

Wie ist der psychische Zustand?

Wie denkt sie?

Welche Ausstrahlung besitzt sie?

_____
_____
_____
_____
_____

Wie wirkt sie auf andere Menschen?

_____
_____
_____
_____

Wie handelt sie in ungerechten Situationen?

_____
_____
_____
_____

Wie handelt sie in schwierigen/stressigen Situationen?

_____
_____
_____
_____

Was ist ihr wichtig?

_____
_____
_____
_____
_____

Was sind deine Wünsche, die als *Enjoy this Life*®-Persönlichkeit in Erfüllung gehen?

_____
_____
_____
_____
_____

Über den Autor und Kontakt

Pascal Voggenhuber wurde 1980 in der Schweiz geboren und verbindet spirituelles Wissen mit einer humorvollen bodenständigen Art. Er ist trotz seines jungen Alters heute schon eines der bekanntesten Psychic-Medien in Europa, er wurde vor allem bekannt durch seine präzisen Jenseitskontakte zu Verstorbenen. Außerdem ist er ein beliebter Referent und Seminarleiter im In- und Ausland.

Seit 2007 hat er acht Bücher veröffentlicht, die alle in der Schweiz in den Top-Ten der Schweizer Sachbuch-Bestsellerliste waren. Im Jahr 2013 hatte er seine eigene TV-Sendung »DAS MEDIUM – Nachricht aus dem Jenseits« auf SAT1 Schweiz, die enorm gute Einschaltquoten erreichte. Pascal Voggenhuber sah schon immer geistige Wesen und Verstorbene, trotzdem hat er sich intensiv über mehrere Jahre in der Schweiz und in England zum Medium ausbilden lassen. Er sieht es als seine Berufung, den Menschen die geistige Welt wieder näherzubringen und vor allem zu zeigen, dass es ein Leben nach dem Tod gibt.

Zudem sieht er es als seine Aufgabe, den Menschen zu zeigen, dass Spiritualität sehr bodenständig gelebt werden kann und auch Spaß machen darf. *Enjoy this Life*® ist für ihn nicht nur ein Label, sondern seine persönliche Lebenseinstellung.

2017 erhält Pascal Voggenhuber den GfK Award (Nummer 1 Award der Schweizer Bestsellerliste) für sein 2017 im Allegria Verlag erschienenes Buch *Enjoy this Life*®.

Falls du mehr über Pascal Voggenhuber und seine Arbeit erfahren möchtest, findest du alle Informationen auf seiner Homepage *www.pascal-voggenhuber.com.*

Außerdem pflegt er den Austausch mit seinen Lesern und Fans über Facebook, Instagram oder Twitter.

Pascal Voggenhuber

ENJOY THIS LIFE®

Wie du dein ganzes Potential entfaltest

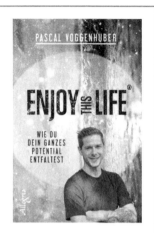

Klappenbroschur.
Auch als E-Book erhältlich.

Die neue, erfolgreiche Methode jetzt als Buch

Enjoy this Life® ist der neue Kurs von Pascal Voggenhuber, in dem er zeigt, wie wir wieder mehr Freude ins Leben bringen. Die hier vorgestellte Methode basiert auf dem gleichnamigen erfolgreich gestarteten Online-Seminar des Autors. Mit einfachen, aber bewährten Übungen gibt er Hilfestellungen, das eigene Leben bewusst zu gestalten und seine wahre Bestimmung zu leben. Mit Einfühlungsvermögen und Achtsamkeit zeigt er dem Leser, wie er sich selbst neu kennenlernen und zum Schöpfer eines neuen Selbstbewusstseins werden kann.

Ein neuartiges, modernes und sofort anwendbares Konzept für ein selbstbestimmtes Leben.